U0723519

现代档案
信息化建设与资料管理

韩若红　陆贝贝　许艳芳　主编

吉林科学技术出版社

图书在版编目（CIP）数据

现代档案信息化建设与资料管理 / 韩若红，陆贝贝，许艳芳主编． -- 长春：吉林科学技术出版社，2020.10
ISBN 978-7-5578-7627-2

Ⅰ．①现… Ⅱ．①韩… ②陆… ③许… Ⅲ．①档案管理—信息化建设—研究 Ⅳ．① G270.7

中国版本图书馆 CIP 数据核字（2020）第 195095 号

现代档案信息化建设与资料管理

主　　编　韩若红　　陆贝贝　　许艳芳
出 版 人　宛　霞
责任编辑　隋云平
封面设计　李　宝
制　　版　宝莲洪图
幅面尺寸　185mm×260mm
开　　本　16
字　　数　210 千字
印　　张　9.5
版　　次　2020 年 10 月第 1 版
印　　次　2020 年 10 月第 1 次印刷
出　　版　吉林科学技术出版社
发　　行　吉林科学技术出版社
地　　址　长春净月高新区福祉大路 5788 号出版大厦 A 座
邮　　编　130118
发行部电话 / 传真　0431—81629529　　　81629530　　　81629531
　　　　　　　　　　81629532　　　81629533　　　81629534
储运部电话　0431—86059116
编辑部电话　0431—81629520
印　　刷　北京宝莲鸿图科技有限公司
书　　号　ISBN 978-7-5578-7627-2
定　　价　55.00 元

前　言

　　档案信息化建设指的是利用先进的信息技术，通过档案管理中有效应用互联网等手段，以实现档案信息保存、搜集以及管理等的一种档案管理模式。其管理模式的转变，其实就是转化以往的实体管理模式为数字化信息管理模式，操作依据为实体档案信息。档案信息化管理模式主要体现为档案信息网络化、数字化以及共享化。现代档案管理的一个主要形式就是档案信息化管理，该管理模式代表档案管理的未来发展趋势，一方面对长期保存内部档案资料极为有利，另一方面也可实现档案资源的共享和融合。本书主要分析与探讨规划局档案管理的信息化建设，并提出档案信息化管理的若干建议。

　　提升规划局档案管理信息化水平。接收相关资料和信息之后，规划局档案管理部门应该根据档案信息保存方式及类型的不同，采用计算机技术实现档案信息内容的数字化。其中包括将录音或照片等以计算机的方式转化为可用信息、将纸质信息转化为电子信息，再强化规划局所应用信息的鉴定、分类和归档，以保证能够有效甄别价值较高的档案信息，在档案保存过程中，必须对确保档案信息的有效性、真实性以及可使用性。

　　信息化建设。规划局档案管理人员必须熟练掌握计算机软件应用技能，若要保证档案管理工作有序顺利展开，实现规划局档案管理的健康发展，就应该不断提升规划局档案管理工作者的从业素质，所有知识与技术的应用、实施均需要人才参与其中。所以，规划局档案部门应该不断强化工作人员的技术培训，加大宣传档案管理知识的力度，同时采取档案管理奖罚制度与考核制度，从而激发档案管理工作者的自主学习性与工作积极性，使档案管理工作者综合素质得到整体性提升。除此之外，还应该创造多样化机遇，从而使档案工作人员自我创造性、档案信息技能得到不断提高，进而使我国规划档案局不断提升其档案信息化建设效率。

目　录

第一章 现代档案信息化建设理论研究

第一节 档案信息化建设现状

随着我国先进科技的快速发展和普及，档案管理工作也取得了明显的进步。在档案工作中，借助先进的信息技术，档案工作人员大幅提升了档案工作效率。但在目前档案的信息化建设中，仍然存在一些不足。为此，本节就档案信息化建设的现状，针对其中存在的问题，提出了相应的解决对策，仅供参考。

作为我国各个行业可持续发展的关键性依据，档案资料在推动我国社会经济的进步方面具有十分深远的影响。借助信息化技术对档案实行信息化建设，除了可以大幅提升档案资料的质量外，还可以全面提升利用档案资料的效率，从而让档案管理工作越来越规范和便捷。但纵观中国档案目前的信息化建设形势，发现其中仍存在一定问题，不利于档案管理的信息化建设。

一、档案信息化建设目的现状

目前，我国行政管理部门越来越重视档案管理工作，积极优化了档案管理程序，并获得了显著的成绩。我国自2002年建设首家档案局管理网站以来，陆续创设了一些档案信息管理网站，并基于互联网技术展开了档案信息化建设。基于对档案信息的有效管理，也进一步改善了档案信息管理环境。此外，还就档案颁布了相关的法律法规，并扩大了档案资源的涉及范围，同时，在档案馆从事工作的人才素养也有所提高，在一定程度上促进了档案的信息化建设。

二、档案信息化建设中存在的问题

（一）高质素人才依然不足

在目前档案的信息建设中，管理人才问题主要有：一是管理人员的专业技能、信息化技术水平不符合管理标准。在档案馆的工作人员大多并不是毕业于相关专业，以致并不熟悉这方面的专业知识。而专业的档案工作能力与必要的信息技术水平属于信息化建设的基本条件，即信息化建设的关键是高素质管理人才。二是管理人员越来越老龄化。目前的管理人员普遍缺乏信息化建设经验，且鉴于年龄问题，信息化意识相对薄弱，整体技能培训也相对欠缺，最终导致管理团队的知识结构不健全，且有悖于信息化管理。三是有些档案工作人员在日常的工作中没有精益求精，常常敷衍了事，工作不积极，令工作流于形式化。在收集档案资料时，态度也不够认真，甚至无法及时发现工作中的问题并加以解决，以致放任问题发展延续，进而增加档案管理工作的麻烦，最终无法正常管理档案资料。

（二）档案信息化管理改革未能与时俱进

目前，企业管理正在大力推行改革，但档案信息化管理改革却相对较少。在社会的不断发展中，为了应对经济建设的普遍不确定性，应通过优质的档案管理工作来提升档案信息的利用率，从而应分析目前的形势，以更有效地解决问题。但档案管理并未与时俱进，因此应积极改革并推行可操作的管理机制。目前，管理人员对现代化技术仍然缺乏认知，且所用设备也相对落后，最终导致管理效率低下。信息化改革机制的滞后性，给目前的档案信息化建设带来了严重的负面影响。

（三）有待提升信息化建设水平

有关工作人员在档案管理的现代信息化建设中，并未灵活运用现代信息技术。在收集、登记档案资源时，依然存在很多常见的问题，甚至依旧沿用纸质的收藏方式，而难以推行信息化的操作与记录。这种工作模式势必会降低工作效率，加大查询档案资料的难度。所以，在对档案管理进行信息化建设时，急需全面提升信息技术的利用率以及管理水平，并及时完善相应的信息化平台。

三、解决档案管理信息化建设问题的对策

（一）大力培训教育，推行信息化结合传统管理的模式

目前，在档案现代化管理中，工作效率低的关键在于目前的管理还是在沿用传统的人工操作模式。要想加强信息化建设，应积极组织工作人员展开专业技能教育，帮助他们提升信息技术水平。目前的管理人员所熟知的专业知识相对落后，拥有的专业技能也偏低，仅极少的档案工作人员能熟练掌握必备的电脑基础知识及其操作技能，所以，应定期培训档案管理队伍，以提高他们的工作效率。只有这样才能做好档案管理工作，从而加快信息化建设的步伐。

（二）树立先进的管理意识

在当今社会，信息技术更新越来越快，且涌现出大量的新思想与新观念，加快了对传统工作模式的改革。伴随着先进计算机技术的不断发展与普及，档案管理人员也应顺应社会的变革，及时转变工作意识、优化工作思路，推行现代化的先进办公模式，以适应现代社会。于信息化建设而言，首先要遵守的原则就是及时革新传统管理模式中的落后观念与思想，并树立先进的档案管理意识，以新技术手段来管理档案，从而对档案实行现代化管理。

（三）加强信息化建设

要加强信息化建设，建立先进的档案管理机制以约束管理人员的行为极为重要。通过完

善管理操作与工作流程，来规范档案管理工作，并从单位的实际情况出发，建立可操作的管理制度。此外，还应在工作标准中纳入信息化建设，以调动管理人员积极利用信息化技术，以此提升信息化水平。

信息化建设是档案工作必然的发展趋势，档案工作人员应从信息化建设现状出发，加快信息化建设以推动档案工作的开展。目前，在信息技术高度发达的时代下，档案信息化还应针对自身的建设问题，积极采取行之有效的对策，不断更新档案管理流程，以优质的服务做好档案工作。

第二节　档案管理现代化

档案管理现代化是新形势下档案事业的主要发展趋势，推进档案管理现代化是档案事业不断发展的根本要求。本节就如何推进档案管理的现代化进行探讨。

伴随档案事业的快速发展，社会各界人士对档案管理现代化提出了更高的要求。档案管理现代化的根本在于实现从传统管理形式向科学管理形式的转变。在转变环节，需以现代化管理相关理论为重要基础，通过对其进行分析、运用，进而实现档案管理的现代化。

一、档案管理现代化概述

所谓"档案管理现代化"，主要是指以系统论等理论作为指导，运用较为先进的管理设备和技术，采取现代化管理手段与方式，全面发挥档案管理者的创造性、积极性、主动性，针对传统档案管理形式实施创新，确保档案管理工作的"定量化、系统化、智能化、信息化"。比如，运用计算机对档案资源信息实施录入、统计、输出、检索、插入、查询、改正、打印、删除等操作，并且计算机还具备辨别、筛选、诊断等作用，能够对档案材料进行鉴定从而在一定程度上提高其工作效率。

二、档案管理现代化的重要性分析

第一，是迎合信息化发展的根本要求。档案作为国家文献资料的关键构成部分，同样也是社会信息系统的重要基础。档案管理现代化建设有助于充分发挥出信息推动社会经济发展的重要作用。例如：以往的纸质档案仅可运用于保存图案、文字等有关信息，而采取现代化方式可以让档案材料以视频、声音、动画等形式呈现出来，档案内容更加充分、丰富。

第二，是档案事业发展的重要需求。现代化的操作与管理形式，为开发、运用档案信息资源提供了有利环境，经过科学分配档案信息资源，确保档案材料的"系统化、数字化"，有效扩展了档案的服务范畴。并且，现代化管理形式在档案划分、检索、传递等层面有着较为显著的优势，在较大程度上加强了档案资源的采集、梳理、开发、运用的能力，进而推动档案管理效率和质量的增强。

三、推进档案管理现代化的对策

转变档案管理理念。档案管理理念的现代化是推进档案管理现代化的核心所在，如果没有现代化的管理理念，即使有先进的档案管理与保护设施，依然无法有效化解档案管理工作中的各种矛盾，因此，亟待转变档案管理人员的管理理念。首先，档案管理人员需要转变自身的思维模式、工作形式以及行为模式等；其次，档案管理人员需紧跟时代发展的步伐，全面把握新时代背景下档案管理工作的全新特征，积极摸索、实践档案管理工作的新形式。

培养复合型人才。推进档案管理的现代化，不但需档案管理工作者掌握较为丰富的与档案相关的专业理论，还需要了解信息技术、经济等领域的知识。因此需不断加强档案管理工作者的综合素质，加大档案管理团队建设力度，从筛选优异的档案管理人才着手，将复合知识型人才引入到档案管理队伍中。与此同时，还需强化继续教育培训，运用各式各样的方式、开展整体性的培训，不断改善档案现代化管理工作者的知识架构，培养若干档案现代化管理所需的复合型人才。在推进档案管理现代化的具体环节里，档案管理工作者不但需具有"甘于奉献、吃苦耐劳、一心一意为人民服务"的良好品质，还需具有完成好当前工作所需的知识、技能等。通过组织"复合型、多层次、一专多才、一专多能"的培训、教育活动，推进档案管理现代化的建设进程，进而推动档案事业的高质量发展。

加强档案管理工作标准化建设。为了有效避免档案管理时出现混乱场面，在档案管理现代化推进过程中首先需加强档案管理工作标准化建设。档案管理工作标准化为创建最好档案管理秩序、获得更好的社会效益与经济效益等提供了强有力的保障，并且还是推动档案理论分析与丰富的主要途径。在档案管理标准的制定环节，需要充分运用有关专业知识，积极发展与丰富档案管理相关理论。

合理运用计算机技术。在档案管理过程中，采用计算机技术能够达到手工录入又或是扫描的形式将以往的档案管理信息转化成可以被计算机所辨别的，同时可以自行处理信息的管理形式，并且可更加便利的将档案资源信息压缩、录入到计算机当中，并可将其刻录成光盘用于保存。计算机技术与以往的档案管理形式对比来看，计算机在声像处理、文字处理以及表格处理等诸多方面都有着较为明显的优势。所以，可运用计算机技术创建计算机管理系统，达到档案管理的自动化检索、查询，全面发挥出入库排架等重要作用，经过多层面的整体分析，为档案管理工作化服务，有序推进现代化档案管理。在推进档案管理现代化中应用计算机技术主要是以电子文件形式的图像与图形为主，所以，能够运用计算机的自动检索与编目功能以达到对于档案的现代化管理。总而言之，经过计算机的扫描以及光盘保存，不但节约了大量空间，并且还利于储存，同时还能够加强档案管理工作的质量与效率。计算机技术的运用为实现档案管理的现代化提供了强有力技术保障。伴随信息技术与计算机技术的日益创新，其将被大量运用于档案管理环节，为推进档案管理现代化提供技术支持。

将计算机技术运用于档案管理中，必须完成好各项准备工作，确保档案资源信息的精准性。首先，需要准备完善的硬件设施，其主要包含：计算机档案管理软件、计算机设备、其他有关软件等；其次，需准备完善的计算机管理软件设施。计算机技术推进档案管理的现代化，科学管理是重要基础，并且还需完成好档案数据库的相关工作。

综上所述，档案管理现代化有着极其重要的意义。未来，可通过转变档案管理理念、培养复合型人才、加强档案管理工作标准化建设、合理运用计算机技术等措施加强档案管理工作，推进档案管理现代化。

第三节　档案信息化建设探索

随着现代信息科技的发展，档案的建设与管理得到了发展与进步，高度发达的现代信息技术为档案建设提供了全新的出路。因此，必须加大信息化建设力度，开辟并实现档案的信息化建设与管理。本节着重分析档案信息化建设的路径。

信息科技的发展将人类带入一个全新的时代，高度发达的网络技术、通信技术为社会上的各行各业提供了全新的力量。信息时代的到来推动着档案管理也朝着信息化方向发展，档案管理工作中融入先进的现代科技、信息技术。面对强大的技术冲击，使得档案管理部门必须敢于面对挑战，加强档案管理的信息化建设，融入时代发展，全方位提高自身的档案管理工作水平。

一、档案信息化建设的意义

（一）有利于融入时代发展

新时期，各种高端现代科技被逐渐应用到人们的生产生活中，整个人类社会进入信息科技新时代。档案管理本身就是一种信息管理，因此要想使档案信息管理被时代所接纳、融入时代潮流，就必须加强档案信息化管理，让先进的现代信息科技引导档案管理，成为支持档案管理的一大科技动力。这样才能让档案管理融入时代潮流、顺应时代发展，让人们更乐于接受一种先进的档案管理模式，从而支持档案资源的建设与发展。

（二）有利于提高工作效率

旧式的档案管理主要依赖于纸张、人的手工归纳等方式，这种管理模式工作量、业务烦琐、劳动强度较大。最主要的还是档案管理效率低下，浪费了巨大的人力、物力、财力。档案信息化建设，利用先进的计算机网络系统来统一管理档案，实行信息化管理，提高档案管理工作效率，控制人为工作量，从而削减人力成本。而且高效的信息化检索、归档与查询等服务能够妥善提高服务水平，提高档案管理质量。

（三）推动并实现信息分享

档案信息化建设意味着档案的相关数据、信息等将纳入网络信息系统，依托于网络软件设备来集中分配相关的信息数据资源，在网络信息技术庞大作用力下，各类数据信息资源能够得以统一分配、归纳、整理，依托于网络信息系统也能实现档案信息资源的分享，从而实现档案信息资源的高效利用。

（四）实现管理现代化的有效途径。

档案管理是一种信息资源的整合与管理，要想实现现代化管理，就要积极运用现代化科技，信息技术作为先进的现代科技被深入运用于档案管理工作中，这样才能够为档案管理提供全新的出路，从而从根本上提高档案管理的现代化水平，实现档案管理的现代化发展。

二、档案信息化建设路径探索

（一）创建档案信息化管理制度

档案信息化建设首先依赖于健全完善的制度体系，只有先进的制度体系才能使得档案信息化建设有所依托、有所依据。所以，企事业单位必须先从制度上突破，修改并完善档案管理制度，将"信息化"制度纳入管理工作制度中，创建一套完善的信息化管理制度，制度中明确规定档案管理的信息系统、电子档案的分类以及档案的电子格式等，从而达到对档案信息的标准化管理。以制度来约束档案管理工作人员，使他们能够切实遵守规章制度，不断提高自身的信息化水平，从而有效支持档案信息化、规范化管理。

（二）加强档案信息化基础建设

档案信息化管理并非一蹴而就，需要一个循序渐进的过程，因此必须打好信息管理的基础，才能真正推动档案信息化建设与管理。其中加强档案现代化基础建设是大前提，要不断建立健全完善的信息系统基础，提供细致到位的软硬件设备，从而提升基础设施建设水平。基础设施具体指的是：计算机系统、储存设备、网络系统、软硬件系统、打印机、服务器等。档案管理工作部门必须强化档案基础设施管理，不断引进新技术、新设备，保持档案信息化管理的先进性，切实推动档案信息化建设与管理。

（三）建立健全档案管理信息系统

档案信息化建设的前提是要拥有一套健全完善的信息管理系统，要依托于先进的信息技术、管理软件才能为档案信息化管理创造最基本物质条件。因此，档案信息化建设的前提是要拥有健全完善的档案信息系统。对此，档案管理部门就要顺应时代发展，融入信息科技时代发展大潮，积极完善自身的信息系统，引进先进的档案管理信息软件，并适时更新软件系统，创建一个健全完善的档案信息资源库，依赖于信息科技、软件技术来实现档案信息的自动化搜集、整理、存档等，形成档案数据信息目录，创建信息数据库来达到档案资源的分享。同时，也可以借助扫描设备、打印设备等来逐步推动档案的数字化管理。总之，健全完善的档案管理信息系统是支持档案信息化建设的一大基础系统，是档案信息化建设的基础。

（四）加大信息人才培养力度

人才资源是档案管理工作的基础性资源，人才资源的优劣以及信息化水平一方面关系到档案管理工作效率，另一方面也影响到档案管理的长远发展。档案管理能否跟随科技进步、能否紧随时代发展，这就需要努力为档案管理工作储存一大批先进的人才资源，让人才资源支持档案信息化管理，以此来高效推动档案信息化建设。

档案管理工作部门一方面可以立足自身的优势，充分利用部门内部已有的人力资源力量，从内部挖掘先进人才，为其提供先进的培训和教育，例如可以通过外聘教授、行业专家等前来讲座、指导，使部门内部档案工作人员接受最先进的管理理念，接受顶级的技术培训，掌握最超前的档案管理模式等，培训过后可以通过考核、测试等方式来获取被培训人员的成绩，从中选拔优势力量；另一方面也要做好人才引进工作。要积极地引进先进人才，可以尝试同地方高校建立合作机制，根据档案管理工作部门的具体工作需求来针对性地培养档案管理专业人才，形成专业化的管理，从而为档案管理工作提供科学的出路。

同时，为提高员工工作效率，有必要实行档案管理工作考核机制，主要考核档案管理人员的信息技术操作水平、档案信息化操作效率等方面。通过考核来约束并监督档案管理工作人员不断提升自我，提高自身信息技术水平、档案管理工作水平。

（五）实行档案信息化管理反馈机制

档案管理工作水平、工作效率等都需要得到不断的监测与反馈，为了能够有效推动档案信息化建设与管理，有必要创建一个档案信息化反馈机制，定期对档案信息化管理工作中的问题、困惑、难题等加以反馈，并分析解决方案。不断地反馈、反复性地总结能够及时发现档案信息化管理工作中的问题，从而针对性采取科学的解决对策措施来不断地优化档案信息化管理，以此来提升档案管理工作水平。

档案信息化建设与管理是时代发展的结果，是信息科技进步的必然趋势，未来档案信息化管理需要依托于先进的管理模式，同时，档案管理工作部门要在思想上与时俱进、开拓创新，积极采用先进的技术、科学的管理模式，提高档案管理工作水平。

第四节 现代企业档案信息化之路

企业档案全面真实地记录和反映企业管理、生产、经营的全过程，是企业资产和文化的重要组成部分，与企业的经济利益密切相关。在社会主义市场经济条件下，随着企业改革改制的不断深化和产业结构的优化调整，企业转型升级、资产重组、兼并转让等新情况频频出现，企业的管理模式呈现多元化和复杂化趋势。企业档案工作需要转型升级，以适应和满足现代企业发展需求。探索新时期企业档案的信息化管理的发展路径，对于提高企业档案管理水平，强化服务工作，保障企业持续稳定发展具有十分重要的意义。

一、企业档案管理工作现状及存在的问题

企业档案信息化管理观念淡薄。企业档案是记录企业经营发展过程的珍贵历史资料，对

企业的后期发展具有重要的指导作用，是保障企业持续健康发展的基础。20世纪，国家对企业实施行政管理，通过在全国范围开展企业升级活动，企业档案管理工作也应势升级，得到了有效的整顿和提升，企业档案信息化建设开始起步。但是，进入新世纪以来，各级档案主管部门对企业的监管力度逐步弱化，加之企业改革改制工作的不断推进，企业管理者无暇顾及档案工作，对档案特别是档案信息化重要性认识不足，企业档案意识逐渐淡漠。认为档案工作就是档案部门的事，有人收管并能应付日常利用即可。为此，档案管理投入严重不足，档案管理制度得不到有效落实，档案不全、集中统一管理弱化，档案信息化建设严重滞后于企业信息化建设，档案作用得不到有效发挥等，现象普遍存在，导致企业档案工作地位不稳固，企业档案管理水平停滞不前。

企业档案管理部门主动作为意识不强。首先表现为档案管理部门有为有位的关系处理不当。伴随着信息网络技术的飞速发展，现代企业要想在残酷的市场竞争中取得一席之地，需要重视企业信息化建设。但是，不少企业档案部门仅仅满足于企业传统载体档案的收集保管与目录的信息化，对新形势下企业电子文件归档与利用的重要性认识不足，导致企业档案信息化工作滞后，未能及时将企业档案信息化工作纳入企业信息化建设的大盘子同步规划、同步实施，造成企业信息化与企业档案管理信息化的严重脱节。

其次，缺乏档案信息专业人才。现代企业之间的竞争归根结底是人才的竞争，尤其是企业档案管理工作专业化程度较高，对企业档案的管理人员要求更高。他们既要有专业的档案管理知识，熟悉企业在生产经营和管理活动中形成的各项档案，还要熟练掌握基本的计算机技能等。但是目前很多企业的档案管理人员不能达到这个要求，招聘的档案管理人员甚至没有接受过专门的档案管理业务培训，没有档案管理经验，在档案管理工作中很容易造成失误，影响档案的收集整理。总之，企业档案的人才整体素质不理想，老档案人员不熟悉计算机管理，新进人员则不安心于枯燥的档案管理岗位，使得企业档案信息化发展之路缺乏高素质的人才。

档案管理信息化建设投入力度不足。企业档案管理信息化建设是一项具体而复杂的工作，需要严格的技术支撑和完备的软硬件设施，后者是加快企业档案信息资源建设、实现档案信息化管理的基础。企业档案信息化建设对所需的数字环境和必要的网络设备性能要求相对比较高，成本昂贵，而企业给予档案部门的经费有限，再加上档案信息化建设进程慢、见效慢，因而难以引起企业管理者的重视，导致投入档案管理信息化建设的资金不足，严重阻碍了企业档案信息化建设。

二、企业档案信息化管理的重要性

加强企业档案信息化建设是现代企业管理的需要。档案作为宝贵的信息资源，是企业的无形资产，在企业的生产、经营和科研活动中具有不可替代的作用。随着社会生产力的不断发展，企业信息化建设步伐的加快，办公自动化系统和局域网已成为企业工作必不可少的一部分，为了适应现代企业经济发展的需要，档案管理信息化建设势在必行。

加强企业档案信息化建设是企业规避风险、建立诚信、维护权益的需要。现代企业管理活动中形成的档案种类丰富、介质多样。除了文书档案、人事档案等传统的纸质档案外，还有相当数量的电子档案，大量不同载体的档案给档案信息资源管理增加了难度，不利于档案部门对档案进行统一整理和归档，如不及时对档案进行数字化处理，一些宝贵的档案资源就会因此而流失。当下企业市场竞争激烈，各种经济纠纷和法律诉讼难以避免，如果企业的原始档案完整系统，就能有效地利用档案资源来规避市场风险，化解经济纠纷，维护企业的经济利益。在这种情况下，企业档案就可以成为企业的重要资产。

三、加强企业档案管理信息化建设的对策

确保档案信息化与企业信息化建设同步规划、实施和发展。基于信息时代社会发展的要求，企业档案管理工作迫切需要进行信息化建设，而这项建设不是孤立的，应当融于企业整体信息化建设之中。档案管理系统应实现与企业办公自动化系统、各种业务数据和技术数据系统等的无缝衔接，完整、准确地实现企业信息数据的在线归档，使档案部门真正成为企业信息源的集聚地和储能池。

实现企业存量档案和现行传统载体档案的数字化。企业原有的传统纸质档案和其他载体的档案是企业发展历史进程的结晶，也是当下企业各项管理活动的重要保障。为提高企业工作效率和质量，方便企业管理者和员工高效利用有价值的档案资源，同时也为了更好地保护档案原件，减少对档案原件的使用频率，所以必须对存量档案进行数字化。

实现企业档案信息资源的网络共享。通过对企业存量档案和增量档案的数字化，建设完整记录企业历史和现行经营管理活动的档案数据库。如何将档案资源转变为企业的财富，使之为企业提高工作效率、提升企业形象、促进企业文化、化解企业风险、维护企业权益、提增企业效益等方面发挥更加独特的作用和价值，对企业档案管理部门来说，应该积极努力作为，让企业管理者和员工都能方便快捷地充分利用档案资源，使大家既是档案的形成者，更是档案的利用者，以此做到资源共享。让沉睡的"死档案"变为企业发展求之不得的"活资源"，让"档案库"成为推动企业发展的"智慧库"。

加强档案人员队伍建设。新的社会形势对企业档案管理工作人员提出了更高的要求，要切实做好档案信息化建设工作，要求企业档案工作人员不仅需要有丰富的档案管理专业知识，还需要熟悉计算机应用技术。因此，为了实现企业档案管理信息化，相关部门应加强对档案工作在岗人员的培训，丰富其数字化知识，提高其档案管理专业技能水平，不断提高其综合素质和档案管理工作水平，促进新时期企业档案管理信息化建设工作的全面推进。此外，企业还要积极引进高水平的档案管理人才，重视掌握现代档案管理专业知识和操作技能的高校档案专业人才，为企业档案管理信息化建设工作储备人才。

实现企业的档案管理信息化是现代企业以及社会发展的必然要求。企业管理者要充分认识到档案信息化管理的重要性，采取积极有效的措施，加大对档案信息化建设的投入。档案部门要不断提高档案管理工作人员的素质，主动作为，完善相关制度建设，加强宣传，提高档案资源的利用率，使得档案资源更好地为企业的发展服务，企业档案工作才能得以健康有序可持续发展，才能真正树起自己的"腰杆"。

第五节　档案信息化建设系统性

随着近年来我国经济快速发展，科学技术也在快速进步，如何使档案资源能更好、更快的服务社会，是当前档案管理者最关心的重点课题。只有根据现代档案管理的特点，引入信息技术，创新档案管理模式，才能推进新形势下档案管理信息化建设，提升档案管理工作效率。鉴于此，本节阐述了档案信息化的概念和意义，分析当前档案信息化存在的问题，并找到相应的解决思路，以全面推进档案管理模式创新。

一、档案信息化概念

档案信息化建设是在当前科学技术引领下档案管理模式的创新方式，是计算机和信息网络在档案管理领域的应用为基础。它使传统纸质档案资源转换为数字资源，以提高电子档案资源管理效率为核心，实现档案信息资源高度共享和有效利用，推动档案管理工作全面发展。一方面，档案管理信息化建设是档案管理事业发展的必然结果，档案信息化建设的作用影响社会各个领域；另一方面，档案管理信息化建设是自身不断发展完善的过程，在这一过程中涉及信息技术的应用和计算机设备的建设，以全面推动档案管理信息化发展。

二、档案信息化建设的意义

档案信息化建设不仅是提升当前我国档案管理效率的重要方法，更是实现档案管理事业现代化建设的重要途径，档案信息化建设已成为社会信息化建设的重要组成部分。档案工作者信息化管理意识的提升，进一步促进档案资源在社会各领域得到广泛应用，为档案信息化建设奠定了重要基础。人们越来越认识到档案信息化成了社会管理体系不可分割的一部分，是推动社会生产经营的重要途径。因此档案信息化建设对现代档案管理事业发展有着重要意义。

档案管理的网络化和信息化可以为档案管理人员工作创造有利条件，使档案管理工作更加简捷有效。主要表现在以下几个方面：一是在档案管理方面，传统的档案管理模式以手工为主，工作人员手工收集、整理、管理、利用档案信息，不仅面临较大的工作压力，同时效率较低，工作周期较长。档案信息化建设可以使档案管理更多体现在档案信息的数字化存储、数字化利用、数字化共享，使档案管理网络化、信息资源共享化。二是在档案信息资源检索方面，传统检索方式是档案管理人员从纸质目录上所记录的信息到库房查询，不仅费时费力，而且效率极低，档案管理信息化建设可以使档案的检索和查询利用网络实现，可以利用不同的检索方式实现精确检索，使档案信息最大化利用。

档案管理信息化建设的过程并不是一帆风顺的。对于档案管理事业而言，档案管理工作既面临着机遇，也面临着挑战。档案管理信息化建设不仅是信息时代发展的要求，也是推动我国档案管理事业进行现代化转型的重要方法。当前科学技术和信息文化已成为衡量国家软实力的重要标准,全面推动档案管理信息化,使档案管理事业与信息化建设有效的融合在一起,使其全方面融合科学技术和文化内涵,能提高我国的文化软实力。可以说档案管理信息化建设是推动档案管理转型的重要方法,对提升我国现代化建设水平有着重要意义。档案管理信息化建设是完整系统的信息平台,是最具现实意义的信息管理平台。档案管理信息化建设蕴含众多学科的知识内容,其中包括现代化信息技术、计算机管理技术、一体化数据集成技术、信息检索技术等内容。我们应做到不仅要全面延长纸质文献资源的使用寿命,还要利用信息技术全面挖掘档案资源,使各类档案信息资源得到有效开发和综合利用,满足人们的使用需求。

三、档案信息化建设中存在的主要问题

信息检索模式固化。随着我国科学技术快速进步,我国档案管理事业也在快速发展,众多智能设备和移动信息检索工具,也全面应用到档案信息管理中,大部分用户可借助线上移动终端直接检索信息数据,及时查询自己需要的档案信息。但从目前我国档案管理发展情况来看,很多单位仍在沿用传统的手工档案信息检索方法,在检索之前,需要制作带有目录的条目卡片,才能使后续检索更加便捷。还有一些单位在沿用传统的机械式信息检索方法,采用打孔机、分类机等设备,对信息资源进行有效检索。虽然已是信息时代,但很多单位沿用传统的信息检索方法,导致信息检索效率较低,无法满足用户高效获取需要。

档案管理信息系统建设较为落后。在信息技术的引领下,信息化档案管理体系的建设,使用档案信息资源的人数日益增多,而且每个人由于文化背景和个人成长经历的不同,对于信息资源有着不同的需求,其思维方式和信息资源使用方式也有着不同。就生活中大部分的用户而言,他们对档案的记忆是非常模糊的,甚至头脑中只是保留相应的档案信息片段,档案信息查询意图也不够明显,在查询和检索时以一种试探性的方式进行。如何满足用户档案信息资源使用的需求,提供更为精准便捷的档案服务成为档案管理者关心的问题。

档案信息管理中检索目标不够明确。档案信息管理系统是一项综合多种子系统和功能的综合性系统,在构建和使用过程中需要确定使用目标。但是在目前档案信息管理系统现代化建设中,档案管理人员和用户对于档案信息检索目标不够明确,有时是基于实际需求检索档案信息,有时是出于好奇和思维方式盲目的用检索系统进行检索,这不仅在一定程度上造成了档案信息资源的浪费,而且也会给其他有实际需求的用户进行档案信息检索带来不利影响。

四、针对档案信息化建设中存在问题的应对策略

构建科学化的档案信息检索体系。档案信息检索是实现档案信息资源有效利用的前提和基础,在档案信息化建设中,必须全面重视档案信息检索体系的建设,利用多种工具和技术,面向用户建立科学合理的档案检索体系。一方面,在档案管理现代化建设中,要注重延长纸质文献和实体资源的使用寿命,完善基础设施建设,给纸质文献及实体资源提供专业的存储空间;另一方面,要对纸质文献资源进行数字化编码处理,使各种具有较高保存价值的纸质文献资源保存到相关数据库中,建立科学合理的信息检索系统,以满足用户精确查询的需要。

利用信息技术构建档案管理信息系统。档案管理信息系统是保障档案信息资源有效利用的前提，也是档案管理信息化建设的重要组成部分。为了促使档案信息资源得到有效利用，档案管理部门要积极引入先进的信息化管理方法，利用计算机技术对各类档案信息进行有效的收集、整理、分类、归档，以保障对各种档案信息有效存储，使各种档案信息有效地存储到相关数据库中，做到结合用户的使用需求，建立操作便捷且科学合理的检索系统，使用户能及时便捷的查询档案信息。

确定档案信息检索目标。在档案信息化建设中，为保证档案信息资源高效利用，要全面重视档案信息检索体系建设，根据用户需求和档案管理目标确定档案信息资源检索目标，从档案信息资源利用角度合理规划信息检索流程。可采用图片检索方法、文字检索方法、电子文献查询等方法，科学化检索有较高利用价值的档案资源，这样能使档案信息资源得到全面利用，提高档案资源利用效率。

档案信息化建设是一项长期性的任务，不仅需要档案管理人员树立信息化管理意识，还需要完善基础设施建设，强化档案管理人员信息化素养，确定档案信息化建设目标，构建科学有效的档案管理系统，保障档案信息资源最大程度上得到利用，从而实现高度共享，满足用户个性化使用需求。

第六节　现代人事档案电子信息化管理

经济全球化的实现，科技的不断发展，对于不同信息的需求已日益迫切，当今档案信息化的建设已被档案界最为重视，成为近几年重点探讨课题，尤其是在人事的档案信息化建设方面，为企业的发展以及走向国际化都提供了全面的信息保障。信息化时代要求人们努力从生活中去挖掘各种各样的信息，这就需要我们去解决如何打造人事档案管理信息化，建设现代化人事档案管理模式这类问题。鉴于此，本节笔者根据多年工作经验对人事档案信息化管理做出简要阐述。

这些年来，各界都在重视对档案进行信息化的管理，而信息化最主要的途径是将信息资源进行关联，这样一来可以为企业的人力资源提供准确的信息支持，电子文件凭借着其使用方便、保存完整等优点逐渐取代了传统的实体档案的管理方式。人事档案的管理可以说是整个人力资源对相关的人事信息进行整理和收藏的重点内容，因此对于现在而言如何使人事档案的管理快速成为信息化的管理，如何使其能更好、更快的为企业的发展提供服务成为现在最急于解决的问题。

一、人事档案信息化发展的深远意义

人事档案作为当前最首要的任务，其关系到如何进行档案资源的有效管理及利用率，如何更好地为企业服务。个人信息的中至关重要的载体是人事档案，它记录着一个人的学习经历，思想言行和社会关系等等方面的文字，较为合理、科学的利用人事档案对相关工作的开展起着举足轻重的作用。人力资源是企业是重要资源，在企业事业中的发展占极其重要的地位，其档案信息化的建设是势不可挡的。判断一个人事档案管理水平的好坏，主要是根据其档案信息化的程度。这要求企业不断进行科技的创新，不要放弃任何的发展机会，尽快处理好企业的人事档案管理工作，从而使企业的发展可以符合现在企业发展的要求，保证人事经济的快速发展。与此同时，管理人员还要认识到档案的信息化管理对于企业发展的影响，不断完善自己的工作。此外，还要加大管理的力度，培养员工的责任意识和专业能力，利用科学的技术和方法来管理企业的人事信息化档案，逐渐形成一个符合企业发展需求的人事档案信息化档案管理平台。

二、人事信息化建设的现状

在大多数的企业之中，许多领导人员没有彻底认清人事档案管理的重要性，仍然传统地认为它只是文字工作，并没有真正地意识到人事档案管理工作的重要意义，更加不会把这项工作归结到企业的信息化发展的规划内容当中。尽管档案信息化建设改变了传统档案管理方式，是对档案管理服务理念的变革，但部分管理人员对此缺乏正确的认识，未认识到信息技术对档案管理的影响，这样一来，使得企业对于这项管理工作的重视程度不够，财力投资不足，造成了企业人力资源管理信息化的落后。一些负责人事管理的相关人员对于自己工作的认识还不健全，没有明白建设人事档案信息化给企业所带来的巨大利益，没能够真正认识到建设档案信息化对迈向现代化企业的重要意义。因此，相关人员不健全的档案信息化，逐渐成为影响人事档案信息化建设的重要因素。

三、人事档案电子信息化管理策略

加强对档案信息化管理的重视程度。在事业单位中，任何一个环节的工作都具有非常重要的意义，而档案管理作为一项基础工作，必然具有非常重要的意义。事业单位应该充分认识到档案管理对于自身发展的重要意义，早日将信息化管理提到日程当中来，同时应该将档案管理工作当作工作的核心内容进行。首先领导层面应该意识到信息化档案管理的优势，要具有与时俱进的意识，只有这样才能在事业单位中将信息化档案管理工作不断向前推进，进入带动全体员工进行档案管理信息化的建设。

落实动态化档案管理机制。人事档案的信息化管理工作虽然有着相关的要求，但并不局限于一个固定模式当中，原则上要求档案管理应当以全面反映出组织内部的各种综合情况与动态变化历程。因此，有必要以此为目标构建动态化档案管理的信息化机制。利用信息化平台做好人事档案的同步更新与共享，确保人事档案信息可以真实地反映出组织所需的各种数据资料。对于企业而言，对人事档案的管理应当将其原始资料详尽整理，并构建专属档案，并加大对人事档案管理的关注力度，借信息化手段推动档案材料的不断更新。

加大档案信息化建设投入。企业有时候为了发展，需要和国际进行接轨，因此，对于企业的人力资源而言也是一样的。为了使企业更好发展，需要尽快完善人事档案信息化的相关工作，加大对其的资金投入，使企业的相关管理配置能够满足管理的需要，建设本企业的档案管理查询、存储和检索模式。此外，还要尽量的保证档案信息平台与企业数据平台是保持联网的，减少甚至是完全取代纸质档案，使得档案的管理不再出现纸质档案的所带来的问题，真正实现电子化管理模式，使企业的人事档案管理逐渐发展为企业的内部财富。对于企业的人事档案信息化的建设需要成立专门的管理部门对其进行管理，同时，还要严格要求管理人员，不仅要定期地进行技术培训，还要使他们具有责任意识，这样才能使档案的管理工作可以真正得到落实，真正做到专业化、信息化的管理，实现信息资源之间的共享。

以基础材料为依托，重点做好数据库建设。我们应该清晰地认识到原始数据对于信息化建设的重要性，档案管理工作人员在收集整理数据时必须树立责任意识，最大限度搜集原始数据资料，严格审核，积极鉴别材料的真伪，确保原始数据的真实与丰富，这也是人事档案信息化建设的前提。在完成信息审核与确认后，以部门为单位组织数据库建设，通过每个成员基础信息的录入，构建人事档案数据库的基本框架。

注重从事人事档案管理工作人员专业素质的培养。人才是一切工作的生命线，信息化时代背景的人事档案管理工作也不例外。我们知道，传统人事档案管理人员在信息技术方面专业知识达不到信息化的需要，人事档案管理技术手段越是先进，对人事档案管理人员的综合专业素质要求就会更高，因此要实现人事档案管理工作者具备综合的专业素质，就必须培养人事档案管人员的创新能力。他们不仅要具备专业理论知识，而且还要掌握信息技术和科学管理知识，懂得理论与实际相结合，能够在实践中应对人事档案管理工作出现的问题。只有这样，才能成为信息化时代下的新型人才，才能更好地为我国的人事档案管理事业做出更大的贡献。

综上所知，人事档案管理信息化是企业适应社会发展的必然选择，同时也是企业需要长期坚持的一项公作，是提高为社会服务能力的所必不可少的手段。人事档案管理工作者要根据实际情况，实事求是的开展工作，明确工作目标并不断改进和完善档案管理制度，慢慢将传统的档案管理模式转变为符合时代特征的新的模式。

第二章　现代档案信息化建设创新研究

第一节　档案现代化管理与信息化建设

项目档案是项目建设、生产准备、机组调试及生产经营的重要依据，在工程建设和管理中起到了非常重要的作用，是工程建设的真实记录和反映。完整、准确、系统的项目档案对工程建设、生产经营、设备维护和改扩建起着非常重要的作用。中电投电力工程有限公司芜湖项目部制定了一些具体的创新措施，严格落实有关法律规程制度，确保了工程档案管理步入良性循环的轨道，在集团公司组织的档案专项验收中受到专家的一致好评。

一、工程档案概念

档案是国家机构、社会组织或个人在社会活动中直接形成的有价值的各种形式，是通过把往复不断的现象真实地记录下来，成为人们进行反复观察和研究历史现象，准确寻找事物发展规律的可靠依据。

在工程建设活动中直接形成的具有归档保存价值的文字、图表、声像等各种形式的历史记录就是工程档案。工程档案管理是档案的收集、整理、保管、鉴定、统计、检索、编研提供利用等活动的通称，它是一项政策性、机密性、专业性较强的工作，含准备阶段文件、监理文件、施工文件、竣工图和竣工验收文件。

二、工程档案现代化创新管理

（一）落实项目档案领导责任制，建立健全工程档案管理组织和管理制度并监督有效运行

（1）统筹部署，完善体系制度。芜湖发电厂成立了由发电公司、工程公司芜湖项目部、各主要参建单位领导组成的档案管理领导小组。并按照统一领导、分级管理的原则，建立了由发电公司、工程公司芜湖项目部、监理单位及参建单位档案主管组成的档案管理网络。他们负责各职责范围内档案的收集、整理工作，并确保归档资料的完整性、真实性和准确性。芜湖发电厂和工程公司芜湖项目部以国家、行业有关档案管理规定为依据，结合项目档案的归档要求，以文件形式编制并联合下发了《工程档案管理实施细则》，规范了各参建单位的归档范围及职责要求，明确了移交档案的时间、数量和质量，对档案资料的形成和流向进行了追踪管理。

（2）建立现场办公制度。

档案管理人员要做到现场办公，进行现场调查，参加技术例会，了解工程进展情况，做好详细记录，了解档案形成情况和收集对象，有针对性地开展工作。对出现的问题，能够及时查出参考性资料，协助解决问题。所以，要在主动做好对工程档案业务指导、现场跟踪服务、档案接收工作的同时，对登记在册的工程项目进行清查、摸底、分析研究，积极探索，特别是对一些影响大、意义深远的工程，不但要深入现场进行业务指导，而且还应与各参建单位就工程的有关特殊事项进行现场勘查。了解工程的实际情况，在思想认识上达成一致，再制定档案整编方案，做好项目档案的示范样本，现场指导、实地操作，及时解决疑难性问题，并做好该工程的跟踪服务工作，创出了重点工程服务的新路子，得到各参建单位的好评。

（二）稳定档案管理人员，不断提升档案业务技能

在工程建设期间，为提高大家的档案意识和档案管理知识水平，定期对各参建单位档案人员开展档案知识专业培训。稳定档案人员队伍，保证档案管理的延续性档案工作连续性强，许多工作，特别是基础业务和规章制度建设，需要档案人员较长时间的学习，积累经验，才能逐渐适应或逐步完善。另外，要建立健全必要的人员进出管理制度，促进档案工作持续稳定发展，同时，还要加强对现有档案人员的继续教育。工程公司采取"请进来指导、走出去学习"的方法，组织档案人员通过调研、现场观摩、培训等方式提升自己的专业技能和业务水平。

（1）理清工作思路、制定统一标准，使档案工作有章可循。根据档案管理必须与建设同步的原则，在项目建设初期就明确了"谁经办、谁立卷、谁负责"的管理原则。各参建单位进场时，便将相关管理制度和标准及时灌输到各施工单位，要求把工程档案管理纳入工程建设计划和有关档案管理人员的岗位职责，努力实现档案资料的"精细化"管理。对文件资料内容的字体、字号、行间距、编号等统一标准，并要求所有工程文件必须使用激光打印机打印，所有签名为黑色碳素墨水书写。各专业根据评定标准以及本项目的实际情况，下发单位工程一览表，并且统一了施工技术记录、工程联系单、设计变更单等施工文件的表式以及卷内文件排序。

（2）严格过程管理，为编制高质量竣工资料打好基础。明确要求各参建单位工程文件的形成、积累、立卷和整理必须接受各管理单位的统一监督和指导，统一使用 PAP 软件以便于沟通，工程文件闭环后三天之内将电子版挂接到 PAP 中，文本和电子版一并产生，工程公司和监理公司对文件的规范性进行审核，发现问题及时通知施工单位整改闭环，这样把工作量消化在常态管理中，大大提高了竣工资料组卷和审核速度。

（3）加强设备文件完整性管理。设备资料的收集工作由设备代保管负责，再由工程公司物资主管确认，收集完整后交由工程公司资料员进行分发、组卷、归档。凡发现设备材料不齐全，签字、盖章不规范等均做好记录由物资专业协助代保管单位进行催要、完善。

（三）竣工验收备案与档案管理工作结合

工程竣工验收备案工作是工程建设项目管理的最后一道程序，其形成的备案文件材料是工程档案的重要组成部分，也是各级建设行政主管部门日后管理工程的重要依据，而且工程备案和工程档案管理的性质和目的在很大程度上是一致的。因此将工程竣工验收备案工作与工程档案管理工作结合起来，委托各级城建档案管理机构管理，对深化建设工程管理体制，规范档案收集、整理、归档、保管，建立健全工程建设长期有效的监督机制是十分必要的。

成果效益。综上所述，建筑工程档案管理工作在工程建设中发挥着重要的作用，并且这也是加快城市现代化建设进程、构建和谐社会的重要手段之一，芜湖发电厂五期工程在建设过程中采取了多种有效的创新管理技术，取得了优异的结果。

第二节　现代干部人事档案管理信息化建设

现代信息技术日新月异、广泛应用，加快干部人事档案信息化建设，推动档案信息管理数字化、网络化、规范化已成为大势所趋。

一、加快干部人事档案信息化建设的重要性

加快干部人事档案信息化建设，对于贯彻落实中央组织部《关于进一步从严管理干部档案的通知》（中组发〔2014〕9号）文件精神，全面提升干部档案工作水平，提高干部档案服务干部工作的质量，更好地为经济社会发展服务具有重要意义。

一是能更好地为选拔干部提供支撑。干部人事档案信息数据库建立后，各级组织部门和领导依托互联互通的网络，通过信息管理系统，能够方便快捷地了解、掌握和综合分析领导班子的年龄结构、专业素养、经历搭配、男女比例等信息，以及干部个人的人品官德、业务能力、工作实绩、廉洁自律等情况，从而为领导决策提供服务。

二是能更好地保证档案信息的完整准确性。传统的干部人事档案管理属于封闭式管理，存在信息沟通渠道不畅通、档案内容补充和更新不及时等弊端。档案信息的网络化，能让档案管理转变为开放式管理，干部可以根据权限通过网络查询个人的基本信息，对有误的地方提出修改建议，而且干部所在单位也能根据权限及时更新干部个人的信息，从而有效避免了档案信息的错误性和延时性。

三是能更好地提高工作效率。传统的干部人事档案管理智能化程度低，主要靠人工，管理人员工作量大。干部人事档案数据库实现信息化后，档案的查询、利用实现了自动化、实时化和网络化，从而把管理人员从烦琐的事务中解放出来。

四是能更好地保护档案实体。传统的干部人事档案管理主要是管理档案实体，查询有关人员的基本信息是干部人事工作中的常事，工作人员经常翻阅纸制载体的原始档案，不利于

17

干部人事档案的保护。干部人事档案数据库信息化后，数据录入一次就可以反复查询、利用，从而有效减少了工作人员与档案实体的接触。

二、干部人事档案信息化建设当前存在的主要问题

各级要高度重视干部人事档案信息化建设工作，专门成立工作领导小组，制定推进工作的具体措施，切实把干部人事档案信息化建设摆在重要位置抓紧抓好。要加大宣传力度，通过各种渠道扩大宣传范围，使领导和干部充分认识干部人事档案信息化建设的重要意义，从而形成全员参与、相关部门齐抓共管、协调一致的良好局面。

一是重视不足，认识片面。有的对干部人事档案工作的地位和作用没有足够的认识，认为干部人事档案工作是一项辅助性工作，不是重点工作；有的认为干部人事档案工作只是收收管管、翻翻找找、查查看看的资料保管工作，只要不出现错、忘、漏就行了。这些错误认识，都制约着干部人事档案管理信息化建设的顺利推进。

二是方法传统，效率低下。目前很多单位的人事档案管理工作信息化程度不高，仅仅在人员基本信息、档案目录编辑等方面实现了计算机管理，但在其他方面仍采用传统的工作方式进行装订、分类，工作效率低，给查阅上也带来不便。虽然档案管理者对传统检索方式加以利用，可从目录中找出档案，并按照记录到库房里进行查找，但这样做效率比较低下。

三是标准不一，共享较难。目前干部人事档案信息化建设尚未形成统一的规划和标准，管理软件仅着眼于某一地区、部门或某系统，各级、各地、各部门开发、使用的软件不能互通。同时，长期以来干部人事档案管理依靠手工作业较多，形成了大量的干部人事信息，造成了各地区、各部门对干部人事信息的分散、分隔，信息形成的流程、格式不标准、不规范、不科学，难以实现资源共享。

四是信息不全，应用受限。目前档案基础信息收集渠道还有待疏通和拓展，缺乏从不同侧面反映干部情况的渠道，造成信息更新不及时、不全面，较难全面反映干部的情况。现有的干部人事档案信息管理系统，查阅的大多是干部的自然情况、简历、职称、工资等，在对干部年龄结构、知识结构、专业结构等情况统计分析时做得不够，系统功能尚未得到充分发挥。

五是设施不齐，差距较大。由于经费投入不足、后期维护较差，有的单位档案库房、查阅室、微机室和档案人员办公室建设滞后，还没有达到分开的要求，有的还没有完全配备计算机、数据服务器、扫描仪、打印机、复印机、数码相机、除湿机等必要硬件设备和管理系统软件。

六是人才奇缺，能力不足。有的纸质档案管理经验比较丰富，但在掌握计算机知识、应用软件上还比较欠缺；有的对信息化建设技术轻车熟路，但对档案管理的理论、流程以及干部人事政策还不熟悉，管理人员的综合能力尚需培训提高。

三、加快干部人事档案信息化建设的对策

各级要增强责任感和紧迫感，大力推进干部人事档案信息化建设，实现干部人事档案管理的规范化、科学化和制度化。

（一）强化领导，共识共为

2016 年，上外"世界文明之旅——走近伊朗"展览先后走出校园，分别在华东师范大学图书馆和上海师范大学图书馆进行展出。随后又将同济大学图书馆引进的"非洲雕塑艺术作品展"邀请入校，近 40 件展品来自非洲 10 余个国家的博物馆，充分展示了非洲雕塑艺术及文化特色，为广大读者揭开了非洲的神秘面纱。"走出去、引进来"的方式加强了馆际合作，共享了优质资源，降低了活动成本，广受师生好评。

（二）把握重点，稳步实施

按标准加强基础设施建设，配备数据服务器、电脑、扫描仪、复印机等设备，完善安全措施，在档案库房、查阅室等重要场所安装视频监控设备，实现全方位、全天候不间断监控。按照《干部人事档案材料收集归档规定》（中组发〔2009〕12 号）的要求，加强人事档案信息资源建设，规范采集、充实完善干部档案材料，落实专人对数据库进行动态更新，确保干部信息的准确性和时效性。此外应注重加强管理规范、业务规范和技术规范建设，建立健全与数字化相配套的档案查借阅、鉴别、归档、信息采集、转递、保管保密、检查核对、管理人员职责等规章制度，同时建立数字档案文件格式、存储压缩格式以及软硬件基础设施建设技术标准等。

（三）建立体系，分级利用

在干部人事档案数据库建成的基础上，加强干部人事档案信息服务网络建设，以组织人事部门作为信息中转站，架起领导、各部门、各单位之间互连互通的干部信息服务系统。按照干部管理权限和安全性、保密性要求，分级、分单位赋予信息数据的使用权限，提供信息相关查询、利用服务。

（四）加大投入，强化保障

各级要加大资金投入，将干部人事档案信息化建设所需经费有步骤地，分期分批地纳入当地财政预算，用于购买、维护相关软硬件设施。要加大人力投入，选配思想政治素质好、工作作风过硬、业务能力强的中共党员从事干部档案工作。针对干部档案工作政策性、专业性、保密性强的特点，加强对档案管理人员的业务培训和保密教育，帮助他们熟悉档案管理，了解干部政策和干部工作程序，掌握计算机基础知识，严格遵守组织人事纪律和保密纪律，从而更好地适应信息化时代对干部档案工作人员综合素质的要求。

第三节　现代医院人事档案管理的信息化建设

人事档案管理属于医院人力资源管理不可缺少的组成部分之一。在信息技术飞速发展的今天，人们时间空间概念，思维方式均出现了变化，新的社会形势下，人事档案管理范围更广，内容有了新的延伸，庞大冗余的信息数据使得传统人事档案管理模式已无法满足社会经济发展要求，因此现阶段的人事档案管理应跟上时代发展步伐，摸索出更多可行的现代化管理路子，为医院的可持续发展服务。基于此，本节结合工作实际，针对新形势下现代医院人事档案管理工作的信息化建设策略给出了几点建议。

医院人事档案中所记录的大量信息均关系到医院职工的切身利益，具备证据性与法律性，可为职工的工资发放、职称评定、干部考核与人事纠纷提供依据参考。医院人事档案管理主要是对医院人力资源信息给予开发及利用，转变成经济效益，促进医院良好发展。医院人事档案信息化建设即医院在人事档案管理活动中依靠计算机、网络等现代信息技术，来实现医院人事档案存储、利用等的高效快捷管理的一种现代化管理方式，更好的满足社会经济发展步伐与要求。

一、更新管理理念是实现医院档案管理信息化建设的基础

医院的可持续发展，业务技术水平的日益提升，关键还在于树立医院现代化管理理念，彻底抛弃过去的以人工手动方式进行成本管理的落后模式，推动信息化建设，发挥档案管理人员的职能作用，为医院人事档案管理工作的开展提供保障。一方面医院最高领导层以及各科室管理人员需对人事档案管理信息化建设工作引起重视，在决策上支持信息化建设，并要求档案管理人员以认真负责的态度来做好本职工作；另一方面，医院档案管理人员应具备信息化的管理意识，要对时代发展与档案管理转型的必要性有清楚的认识，将人事档案信息化管理提上日程，达到档案管理信息化和办公室工作的制度化有机结合，实现文档一体化管理，来满足现代化发展水平与要求，提高医院档案管理时效性，实现档案查询、利用与开发的高效快捷。

二、增加资金投入是实现医院档案管理信息化建设的食粮

硬件建设。现代化的医院人事档案管理需有一套完整的硬件设备作保障，医院需增加资金方面的投入，保证各种设备（如多媒体设备、扫描仪、数据存储设备、打印机、传真机、投影仪等）均完整，以提高人力资源管理质量与水平，对医院智能化人力资源信息库的建构均有益。

软件建设。医院应增加资金投入力度，定期组织档案管理人员展开培训，培训内容包括综合素质的提升（如实事求是、严谨认真、从容应对各种问题等基本职业素质）和各项信息化管理新技术的应用等；培训方式相当多（如外出考察学习、在职进修与参加研讨会等），以此来达到提升现代化管理水平的目的，促其满足医院人事改革需求，为人事档案管理提供人才支持，展开新技术、新方法的研究，为医院硬件设备的建设提供软件支撑。

三、加强网络安全防护管理是实现医院档案管理信息化建设的桥梁

医院人事档案信息资料在管理时应做到严格保密，不可泄密，若信息泄露会造成无法弥补的损失。所以，人事档案信息化建设应加强网络安全防护管理。（1）经正规渠道购买人事档案管理软件，以防软件漏洞出现数据泄密问题，并注意引入先进的网络安全防护系统，将

数据被盗及流失概率控制到最低；（2）做好系统权限设置。医院人事档案管理系统的登录、访问权限均应设好密码，非管理人员无权更改或删除信息；（3）安装防火墙与杀毒软件，且始终保持开启状态，以免受病毒影响而使档案资料丢失；（4）加强硬件防护。因电子档案载体受环境因素的影响相当大，所以应加强对电子档案载体的检测与维护，做好信息的拷贝工作，实现多重备份，避免数据丢失，且原载体的保持时间应持续至4年以上，切实增强档案管理信息系统安全性。

四、规范与标准是实现医院档案管理信息化建设的目标

职责明确。结合医院实际，制定并严格执行医院人事档案管理著录细则，确保档案管理整理、收集、鉴定、著录、保管等不同环节均有序完成，实现有章可循，责任到人。

统一分类号。若要实现人事档案管理工作的优化与改进，在管理工作中可结合《中国档案分类法》展开分类，并结合人事档案管理的具体情况，制定满足要求的操作细则，再结合每个文件的具体特征利用关键词标识给予区分，并加强校审，对其中存在的分类错误进行纠正，达到前后标引一致，促进人事档案管理更加规范化、标准化。

拓宽档案收集范围。管理人员应通过定期与不定期彼此结合的方式，及时到医院内各科室进行档案材料的收集整理，消除材料收集渠道闭塞现象。尤其是记录了医护人员个人素质与综合业绩考评的文档，比如访问、学历、留学等证明材料，还有医务人员与医院间的劳动合同，辞退、解聘、岗位变动与奖励处分等材料，均应及时进行分类整理归档，丰富档案种类，使人事档案内容更全面，为档案资料的查阅、利用等提供依据凭证。

总之，人事档案管理信息化除了可使人事档案资料得到有效利用，还能增强医护人员工作效率，实现人事资料管理的规范化与科学化，属于有实用性、现代性的可行管理模式。而作为档案管理人员，时下的紧要任务即立足本职，大胆突破，敢于摆脱传统思想束缚，依靠现代化信息技术，促使医院人事档案信息化管理水平不断提高，使医院发展水平再上新台阶。

第四节　社会主义现代化背景下的档案信息化建设

档案管理是一项对党和国家历史面貌进行记录和维护的关键性工作，在信息革命飞速发展的今天，档案管理向信息化发展成为顺应时代发展的必然趋势。而如何在新形势下高质量完成档案管理工作，并使之与中国特色社会主义现代化建设相适应成为相关工作者必须思考的问题。本节从档案管理信息化的特点入手，探究档案信息化建设与中国特色社会主义现代化建设相适应的必要性，并就其面对的挑战提出了具体对策，以期促进档案管理事业更好地为现代化建设服务。

中国特色社会主义现代化建设离不开档案管理工作的顺利展开，档案管理是对历史事件的最原始记忆，是国家历史发展的最真实记录。档案管理工作质量不仅影响社会精神文明的

发展进程,还影响经济社会发展的步伐,并且在经济、文化现代化建设中都有极为关键的作用。我国发展进程不断加快,其中涉及的档案数量激增,而传统档案管理效率低下,且易对档案本身造成损坏,已不适应时代发展对于档案管理工作的高要求。这种情况下,档案管理信息化的作用就愈发凸显。

一、档案信息化管理特点

(一)传统管理方式被取代

传统档案管理方式工作量大,档案管理人员工作繁杂、单一,且较易出错,已经不符合社会高速发展对于档案管理提出的新要求。档案管理信息化是社会发展的必然趋势,讲求利用互联网信息技术对档案信息进行电子化管理,保持互联网思维,从纵向和横向两个维度对档案进行信息化管理,突破了传统管理中工作效率低下、档案信息查询困难、信息共享度低等弊端。所以只有将现代化信息技术应用于档案管理才有可能实现档案管理工作的持续发展,实现国家现代化建设的顺利展开。

(二)实时性和交互性强

传统档案管理工作因现代信息技术的缺失造成了其中许多失真信息的出现,对于出现的信息漏洞也较难发现,难以保障所获信息的真实和实时,致使档案管理信息陈旧,真实性不高。档案管理信息化的实现加强了档案信息的实时性和交互性,将互联网技术作为依托,档案管理更新速率极大加快,基本实现了信息的实时性。实时性和交互性的加强使得档案管理中存在的漏洞得以及时发现和解决,大大提高了信息管理质量和水平。

(三)注重信息和资源处理能力

传统档案管理模式下,各部门间的档案是相互独立的,所管理档案也是小范围的、局部的。信息化管理的实现使其拥有了大量信息资源,具备了资本特性,档案信息在一定程度上反映了国家发展的进程和方向。在信息化背景下,档案管理面对的不再是大量的实际文件资料,而是更多的数据信息,人员通过处理数据组员实现对于档案信息的有效管理,准确把握发展方向。因此,以信息化档案管理实现发展战略的规划和方向的把控也是档案管理信息化的一项核心功能。

二、档案信息化建设适应中国特色社会主义现代化建设的必要性

(一)维护自身可持续发展

档案管理是中国特色社会主义现代化建设关键内容之一,具有维护党和国家真实面貌以及服务社会经济文化发展的双重责任,既推动着社会的可持续发展,也需要保持自身事业发展的可持续。档案管理事业是社会文化事业的一种,与经济建设之间相互依存,既彼此促进又相互制约。档案为社会经济建设提供必不可少的重要信息资源,为重大经济决策提供关键信息依据,因此必须将档案管理的发展纳入社会可持续发展战略中。同样,只有档案管理同

中国特色社会主义现代化建设步伐一致，其存在才具有意义。档案管理促进现代化步伐的稳健，而现代化建设又为档案管理提供更多信息资源，实现档案管理的可持续。

（二）维护中华文化传承

档案管理对社会主义文化建设有重要作用，是对中国特色社会主义文化发展进程的直接记录，是对广大群众参与文明城市建设等各项社会主义事业的真实记载。所有这些记录完成了对中国特色社会主义文化建设资源库的动态建立，真实反映发展全貌，并将最新实践源源不断地吸入，历史价值珍贵非常。档案管理渗透在人们生活每一个阶段，是优秀中华民族文化得以在历史长河中传承延续并不断完善的重要保证。以党的十七大为例，会议中所提社会主义核心价值观被档案详细记录，成为我国社会主义发展进程中的重要里程碑，不仅为中华伟大复兴的实现提供精神支撑，也成了广大群众投身社会主义建设的一大有力精神力量。

（三）推动社会主义经济建设

除文化发展外，档案也是对于我国经济发展重大战略步骤的记录，因此档案管理更是各企业实现自身发展的重要工作内容。档案管理最真实地记录了企业乃至国家经济发展过程中的重要决策，也切实反映了经济战略的实施成果，这些都为企业和国家经济前进战略的制定提供资料参考，对于经济方针的确立有关键指导意义。

三、新时期档案信息化建设面临的挑战

（一）未深刻理解档案管理的重要作用

1. 文化方面

文化是人类对于经济、文化、社会行为的重要记录手段，也是利用符号对人类价值观和精神文明加以构建的关键方式，而档案就是历史文化保存的一种，借助一定的符号对文化发展进程进行真实记录，承担着记录并传承中华优秀文化的历史重任，为社会发展提供信息参考。档案是信息传递、文明传递的重要载体，是实现古今交流的重要桥梁，也是珍贵的历史文明宝藏，为社会主义文化的现代化建设提供生动素材。

2. 经济方面

档案管理工作的现代化建设程度直接关系到社会主义经济发展的进程，这主要是因为档案真实且详细记录了社会主义经济发展进程中存在的问题以及优势之处，为经济发展目标的制定提供了极为重要的信息参考。

（二）信息化档案管理安全性有待加强

在信息化时代，各行各业的发展都对互联网技术产生了极大依赖，档案管理也是如此。档案管理在新时代下逐步向信息化发展，这是时代的要求，也是自身发展的必然，但是信息化管理在提供极大便捷性的同时也带来了一定的隐患。档案信息化管理最主要的依托就是网络信息技术，但是该技术有较大的不稳定性，降低了档案管理信息化建设的安全性。互联网

故障以及病毒感染可能会造成档案信息的不可修复性损伤，黑客入侵则可能造成档案信息的泄露和流出，对个人及机构造成隐患，若其中涉及国家机密文件，则造成的损失就是无法衡量的。有些档案管理者为应对这一问题、确保档案的安全性，就加大安全措施的增设，降低档案资源的共享力度，甚至直接将部分信息新资源封存，这是不可取的，此举不仅极大减弱了档案信息利用效率，档案管理存在的意义也被严重削弱。

（三）档案管理人员专业素质不高

传统档案管理招纳人员门槛较低，管理人员只需要不断重复烦琐复杂的机械性劳动，专业能力以及综合素质较低，只具备最为基本的管理技能。不仅如此，大部分档案管理人员管理思想滞后于时代，理念陈旧，在信息化占据绝对优势的背景下依然选择最为原始传统管理理念指导实践，进行档案人工化管理。我国的档案管理工作者还存在知识结构单一的问题，部分人员只具备档案管理知识，部分人员只具备实际操作技巧，掌握综合技能的复合型人才严重短缺。如此种种对导致档案管理信息化步伐受阻，若管理人员仍不转变管理理念和方法就会导致严重后果，长此以往会造成档案管理与时代发展的脱节，其推动社会主义现代化建设的作用也会逐步消失。

四、新时期档案信息化建设策略

（一）为社会主义现代化建设服务

1. 建立工作体制

与社会发展相适的档案管理工作体制的建立和完善是保证档案管理工作服务于大众、推动社会主义现代化经济文化建设的必要保障，是档案事业总要求的实现。

2. 把握发展规律

严格把握党的方针政策，坚持实事求是这一核心思想，与时俱进，做到解放思想、求真务实，遵循社会发展基本规律，建立与发展同步的科学工作机制，进而充分发挥档案管理对于经济文化发展的服务性作用。

3. 创新工作观念

档案管理的最基本任务就是"存档"以及"守史"，在此基础上，档案管理人员需要进一步创新工作理念，不断提升档案管理工作职能，使之更好地服务于经济现代化建设，从而主动将档案管理工作纳入社会可持续发展战略中去，为社会主义现代化建设提供支撑。

4. 落实人本理念

遵循以人为本理念是档案管理工作顺应时代发展潮流的必然要求，以人为本理念的落实要求相关管理人员进一步创新观念，将档案管理工作从主要针对机关以及企事业单位转至主要针对单位与个人发展，从单纯的信息收集保存转向信息的收集、保存以及利用，提升资源利用率。档案管理要突破仅重视档案来源和保管力度的扩大这一限制，同步加强对于资源的整合以及编研，加大档案资源的共享力度。不仅如此，在档案功能方面，档案资源体系要向社会和广大人民群众的进一步覆盖发展，使之更好地为人民服务，将档案资源发展成为可以为人民群众提供便捷、全面、有价值服务的可利用资源。

（二）提升信息化管理安全性

档案资源是极为重要的、需要精心管理的一项国家资源，保障档案资源安全是实现档案共享的关键，因此相关部门及单位要将保障档案管理的安全作为信息时代下重点解决的问题。要重视并解决档案管理问题就必须所有档案管理人员树立安全意识，不仅软件的开发需要避免安全漏洞的出现，在使用计算机进行档案管理工作时也需要提升安全意识，做到从开发和使用两个方面消除安全隐患。对于重要性强、层次较深的机密文件资料，在使用之前需要进行线上申请以及严格的筛查审批，以档案的安全为前提实现档案的信息化管理，扩大档案资源利用率。

（三）加强对于档案管理人员培养

档案管理信息化的实现并不是一蹴而就的，其过程十分艰难，信息化实现的可能与否关键在于人员质量的高低，因此专业人才的培养是其中的重要环节。传统档案管理模式下的管理人员素质偏低，无法满足信息化管理对于人才的需求，信息化程度越高，对管理工作者综合能力的要求也愈高。加强对于档案管理人员培养的最主要目的就是综合素养的提高，其中不仅需要加强专业理论知识培养，还需要掌握一定互联网技术和管理知识，这样才可以有效地将理论知识与管理实践相结合以解决管理中遇到的问题。此外，管理人员创新能力的提高也是需要格外注意的方面，只有这样才能培养与信息时代相适应的复合型人才，推动档案管理事业稳步向前发展。

（四）加大信息化建设资金投入

档案管理信息化的实现离不开资金的支持，相关部门以及单位要用长远的眼光看待档案管理问题，加大资金投入，促进档案管理事业发展。首先需要购置必备的现代化硬件设备，加大信息管理软件的开发力度，夯实信息化管理基础。另外，构建安全体系也是资金投入的一大重点，通过进行加密软件以及防盗软件的开发，利用现代化编程技术实现对于资源的切实保护，提升档案安全指数，避免档案数据的非法浏览、篡改和盗取。

在互联网技术迅速发展的今天，各行各业对其的依赖性愈强，整个社会都已进入了信息时代，在此大背景下，传统档案管理工作受到极大冲击。为保持自身可持续发展、维持对于社会主义文化和经济发展的推动作用，档案管理必须在与中国特色社会主义现代化建设同步的基础上加快信息化建设，积极面对互联网科技带来的机遇与挑战，及时发现发展过程中所存在的问题，从为社会主义现代化建设服务、提升信息化管理安全性、加强对于档案管理人员培养、加大资金投入等方面促进档案管理的信息化发展，发挥自身对于社会主义现代化发展的推动作用。

第五节　现代人事档案管理信息化建设探索与实践

科技高速发展，信息化时代快速来临，现代化和信息化不断影响着人民的日常生活，因此在人事档案的建立上，也应该进一步提升信息化建设，确保有效减少人力、物力，改变以往单纯纸质化档案整理，调取效率低等弊端，为人事档案调取提供更加便捷的服务。

通常意义上，一个人要想在社会中生存立足，他的个人经历以及家庭情况都要有一些相关记载。只有建立一个完整的信息存储库，才可以为事业单位进行人员录用、聘用以及职位晋升工作提供一个相对科学的参考依据。人事档案是这些私人信息的一个载体，但随着社会发展，一些传统的纸质人事档案管理并不能很好地满足当前情况下对于人事管理的各种要求。可见，事业单位对于人事档案进行科学化管理，使其与档案管理模式不断创新，并充分运用信息化的优势特征至关重要。不仅如此，企业单位及其他相关部门，同样也要重视现代人事档案管理的信息化建设。

一、现代人事档案管理信息化建设的优势

保存更具完整性。现代人事档案管理进入系统，利用信息化的手段进行管理，能够让人事档案的管理更加的科学化、系统化、更加的完整话。通常情况下，纸质化的存档只能完成人事基本信息的存档，不能够将全部内容存放，但是信息化建设后的人事档案，可通过多种方式对档案进行进一步的完善和修正，将各类人事档案通过摄录、扫描等方式存入信息化系统，一定程度上能够确保档案更加的完整连续。

调取更具便捷性。现代化的认识档案，在调取上更具有便捷性。既往的纸质化存档，在档案的调取上非常的不方便，需要调取人员到档案存放机构，并按照档案登记索引做好档案的查找工作。耗费人力、物力。在等待和查找的过程中，要消耗非常多的时间，为档案调取工作带来了诸多的不变，而信息化建设后的人事档案调取工作，能够有效地做好人事档案的调取，便捷而快速，减少人力、物力的消耗。

存档更具安全性。现代化人事档案信息化建设后，存档工作将更为安全。既往的纸质化存档，在调取的过程中，很容易出现人为缺失或者错误存放的情况，人为影响因素较大，且不可去除，但是信息化建设后的人事档案存档，能够更好地完成人事档案的保存，减少在储存过程中人为因素的不必要影响，确保档案的完成性。在此基础上，做到抵抗不必要的其他外力因素破损，信息化建设的非实体性能够确保信息更加的安全。

二、现代人事档案管理信息化建设面临的主要困境

信息设备使用能力有待提升。现代人事档案管理信息化建设的基础，就是现代化信息设备的使用能力。部分地区企事业单位在建立现代人事档案管理信息化建设上，面临着部分或者大部分人员不能有效使用现代化信息设备的情况，很多人员只能依赖于简单的纸质化存档，

和原有的档案检索功能，对于信息化建设存在一定的畏难情绪，对于相关的扫描存档使用功能，也都未能良好熟练使用，影响信息化建设整体进度。

档案录入的完整性有待核查。信息化建设的过程中，同样存在一部分人为的因素，如何确保档案录入的完整性，也是人事档案管理信息化建设的一项重要影响因素。在整体档案建立的过程中，还要避免出现缺项、漏项的情况，避免出现信息不全的情况，无论是在档案的存档，还是检索的编制上，都应高度的注意。

管理细则需进一步进行细化。纸质化的存档方式，已经成了现行的常用认识档案存档形式。信息化建设后的人事档案，管理体系存在一定不健全的情况。很多情况下，未能对人事档案进行系统而全面的有效管理，在管理细则上，没有进一步的细化，没有落实到具体的相关责任人，为档案检索工作和缺失追溯工作带来了一定的难度。

做好体系建设，避免形式化。现代人事档案管理信息化建设的过程中，要做好体系的建设，避免现代人事档案管理信息系统过于形式化。要明确信息化建设的目的，是为了让人事档案管理工作更加科学、有效，避免不必要的浪费，而不能流于形式，为了人事档案管理信息化建设而进行信息化建设，让其失去了应有的意义。要强化信息化建设体系，对整体流程进行细化分析，确保不流于形式。

三、现代人事档案管理信息化建设推动的策略和措施

在深入认识我国企业人事档案管理面临的主要困境后，要思考推动我国企业人事档案管理现代化和信息化建设的策略和措施。

建立健全体系，完善管理。在整体人事档案的信息化建设过程中，要做好信息化人事档案的建设工作，要建立健全的管理体系，从信息化建设之初，要设立专职的信息化建设机构，并明确相关人员的岗位职责，对相关的管理制定相应的制度，明确人员的职责，并理顺相关流程，确保各环节衔接顺畅，确保档案存取安全；并建立相关的监管体系，要对档案的完整性、档案查询的规范性、存档的完善性进行进一步的稽核，确保管理完善，档案齐全。

加强人员培训，提升能力。人事档案管理信息化建设的关键在于人才，如何能够做好整个流程的管理，其关键仍然在于人才。要做好人事档案信息化建设人员的选拔和任用，选取专业可靠的人员进行档案的管理工作，档案管理人员要明确了解相关的体系和流程，要对相关的风险点和重点事项进行充分认知，并进行及时的多频次的培训，让录入和管理人员能够时刻了解国家的相关政策变化，对国家的相关法律法规政策了如指掌，更好地做好档案管理，有效提升人事档案管理信息化建设的工作能力。

细化责任范围，明确职责。做到有章可循，有法可依。明确"责、权、利"，是档案管理工作的重要核心点。档案管理工作是终身负责制的重要工作，档案管理工作的重要性可见一斑。选取好的人员进行档案管理，也要细化相关的责任范围，尤其是信息化建设后的档案管理工作，要做好系统的监管，确保档案的完善，确保档案查询的合规性以上等等。要对相关的岗位职责进行进一步的细化明确，落实相关岗位的岗位职责，明确落实相关责任，让档

案管理人员，更加地重视档案管理工作，做好档案管理。尤其是做好档案查询的稽核工作，信息化建设后，档案查询工作将更为便捷，但是档案的调取，更要遵循严肃性、保密性的基本原则，作为档案的管理人员，要确保守好最后一道关口，相关人员要持有档案查询的审批后，方能进行档案查询，有违规行为的，要进行追责。

综上所述，人事档案是事业单位档案管理的组成部分，也是事业单位提升核心竞争力的有力支撑。如今，随着信息技术的不断发展，现代化的信息技术手段正以非常快的速度渗透到各行各业。事业单位人事档案管理的深化和优化离不开互联网、大数据等信息技术手段，因此，将现代化的信息技术管理理念和方法融入事业单位的人事档案管理，将有效提升档案管理效率，对推进事业单位人事档案管理工作的科学化、规范化和信息化有着至关重要的作用，需要进一步的进行探索与实践。

第六节　现代信息技术在档案信息化建设中的作用

随着信息技术的快速发展，档案信息化建设成为档案事业现代化建设的必经之路。就信息技术档案信息化建设中所发挥的作用进行了研究，通过分析档案信息化建设过程中存在的问题以及档案信息化建设中能够运用到的现代信息技术，论述了现代信息技术在解决档案信息化建设过程中问题的作用和影响。

随着科学技术的飞速发展，现代信息技术发展也有了质的飞跃，并逐步渗透到我们的工作学习乃至生活中，成为社会各行业现代化发展的核心和主导。行业的需要和政府的重视，使得信息化成为推动现代化的基础。档案是积累和传播知识的重要载体，是非常重要的信息资源。为了满足现代信息化建设的需要，档案信息化建设势在必行，因为这将直接影响着档案事业的稳定健康发展。档案信息化建设又离不开现代信息技术的支持，现代信息技术的发展直接关系着档案信息化建设的发展。

一、国内外研究综述

当前，国家对档案信息化建设给予了高度的重视，也出台了相应的政策，进一步加快了我国档案信息化的进程。研究者对档案信息化的研究更加全面，随着现代信息技术的发展和大数据时代的到来，越来越多的学者开始对档案信息化建设中所运用的当代信息技术进行了深入的研究。目前，国内的研究主体是高校的理论研究者，这些研究者大多分布在经济发达地区，中西部地区在当前的条件下出现在该领域的研究者很少，而国外学者对于该领域的研究还较少，一般都是偶尔涉及，没有深入系统的研究。

二、档案信息化建设概述

档案信息化建设的内涵及意义。档案信息化是指以档案信息资源为对象，运用计算机、网络等现代信息技术，对档案信息进行科学的搜集、保管、整理以及开发和利用，使得档案事业走向现代化的过程，包括档案信息化所需的基础设施、标准规范、人才队伍建设等。档案信息化建设对于档案事业的健康发展意义重大，能够加大信息资源的存储量、提高档案的运行效率、促进档案信息公开化，可以进一步提高人们的档案意识、提高档案的利用率。

档案信息化建设存在的问题。在国家政策和先进技术的支持下，档案信息化建设获得了一定的成效。但档案信息化的建设并不是一帆风顺的，还存在一些问题亟待我们对其加以分析和解决。首先是资金投入不足；其次是专业人才短缺；再次是体制机制不完善；最后是信息资源整合难。

档案信息化建设中所需的信息技术。在档案信息化建设的过程中，可以运用到的现代信息技术有很多。一是海量化存储技术，包括移动硬盘、光盘、存储卡、数据库技术等；二是数字识别技术，包括数码相机、摄像机、扫描仪、电子标签（RFID）、手机二维码、PS、GIS、GPS等软硬件系统；三是虚拟技术，包括虚拟终端、虚拟存储、虚拟桌面、虚拟展厅等；四是检索技术，包括搜索引擎、智能检索、图像检索等；五是融合技术，包括移动通讯（3G、4G）、有线电视、互联网三网融合，手机、电视机、计算机三机合一，以及计算机、大数据技术等；六是移动技术，包括笔记本电脑、智能手机、移动电视、平板电脑、MP4、电子阅读器等；七是信息安全技术，包括数字签名、数字加密等。

三、现代信息技术在档案信息化建设中的作用

现代信息技术对档案信息化建设的影响非常大，促进了档案管理与服务水平质的提升。运用物联网、云计算、大数据分析等技术建立了更加高效、快捷的档案管理与档案信息服务体系。通过手机、电脑等移动设备，丰富了档案信息化的载体，使档案信息化建设呈现出基础设施集约化、档案管理智能化、数字档案管理集群化以及档案信息服务智慧化等趋势。

基础设施集约化。近年来，各地档案部门为了加强档案信息化建设，已经投入了大量的人力物力财力，建设了机房、配备了相关设备及软件，进行了档案数字化以及信息系统的运行维护。然而，信息爆炸社会的到来使得不同来源、各个种类、不断积累的大量电子文件档案不能及时归档，这些都使得对档案的有效保管和开发利用更加困难，也危害着网络信息安全。

电子政务云平台建设有效地帮助档案管理部门解决了这些困难。档案部门将各个档案应用服务系统迁移到政务云平台，可大大减轻配置设备、运行维护、数据备份、安全防御、应急演练等技术工作量。

档案管理智能化。随着科技的发展，越来越多的先进信息技术应用到了档案领域中，使得档案实体以及库房建设和管理更加科学、更加智能化。如智能密集架、智能温湿度控制设备、门禁系统、RFID芯片控制系统等。物联网技术的运用，也将档案管理转移到智能化的网络管理体系，提高了档案管理中的各项工作效率，包括档案的查阅、统计、盘点以及安全监管工作等等，实现了馆库与存放的档案、档案实体与档案信息、档案与人等互联互通、相互感知，实现更高效的智能化管理。

数字档案管理集群化。当前，各地的档案馆数字化建设项目都是相互独立的，档案信息

资源相对分散，需要查阅的档案经常要结合多个数字档案馆网站或者通过多个部门和地区进行查阅，造成效率低下。信息技术的发展能够有效解决这个问题，以大数据、云平台技术为基础，各部门可以建立文档整理、档案管理以及档案信息资源一体化的集群化信息共享系统，实现多个数字档案馆资源的一体化。通过连接其他信息系统，在查阅档案的时候可以进入多个数据库进行搜索，从而解决跨库、跨地区查阅的困难。将各地区、各馆的数字档案信息进行统一的整合，突破地域和空间的限制，建立档案信息资源的大型数据库，以达到某些档案信息资源在全社会范围内共享共建的作用。这样既提高了档案的利用价值，又提高了档案的查阅效率，还能够进一步完善档案的社会功能。

档案信息服务智慧化。随着信息的大量积聚，馆藏档案信息资源量将越来越大，给档案的整理、开发和利用都带来了很大的挑战，使得一些高利用价值的资料不能及时归档。而利用数据分析、数据挖掘等大数据技术可以从根本上解决这一难题。利用数据分析等大数据技术对大量的信息资源进行科学分类、查找、管理，能够更加快速准确地对信息资源进行整合、挖掘和开发利用，可以按照不同需求进行定制，以推送的形式向定制人员、工作单位提供更丰富更多样化的服务，使档案信息服务的智慧化展现得淋漓尽致。另外，可以建立移动档案信息服务中心，通过微博、微信客户端发布档案信息，让更多的移动用户可以享受便捷的档案信息服务。

随着科技进步，信息技术也有了长足的发展。现代信息技术在档案信息化建设过程中成功运用，成了档案信息化建设进程中的重要一环。现代信息技术的应用能够增加档案信息的存储量、提高档案的运行效率、推动档案信息资源共享的实现，从而进一步提高社会档案意识、强化档案的社会功能以及提高人们对档案重要性的认识。总之，脱离了现代信息技术的奠基，档案信息化建设的高楼不会拔地而起。

第三章 档案管理的创新研究

第一节 档案管理现代化

随着信息时代的到来，档案管理事业发展面临着前所未有的机遇和挑战。传统的档案管理工作过程中依靠手工检索、人工调卷等手段，已经难以满足人们对档案利用的需求，也不适应经济建设和时代发展的要求。因此档案管理现代化是新时期档案事业发展的必然趋势。要完成档案管理现代化的转型，不仅要重视设备、软硬件设施的更新换代，更要重视管理者的整体素质、服务意识的提高。唯其如此，才能积极主动地融入信息社会的洪流，更好地实现档案工作现代化发展。

一、档案管理现代化的必要性

（一）是档案工作自身发展的客观需要

随着社会发展和建设事业的不断推进，档案事业也得到了飞速的发展。与此同时，由于档案本身所具有的原始性、真实性等属性，社会各界对档案信息的需求也日益增长。在此背景下，传统档案管理中查阅速度慢、不利于珍贵档案文件保护等弊端开始显现，这在一定程度上阻碍了档案事业的现代化发展。从这个意思上来说，要推动档案工作的健康、有序发展，实现现代化是必然的选择。通过采用现代化手段，借助档案管理软件快速进行档案编研工作，在提高档案管理的效率和质量的同时，也可以有效提升档案的价值。更重要的是，档案管理现代化也使得档案工作人员的工作条件得到了质的改善。

（二）是信息化社会发展的需求

信息化、全球化依然是这个时代最鲜明的两大特点。科技浪潮的革命借助全球化扑面而来，促进了中国社会全面、快速的发展。其中一个具体的表现就是办公自动化技术得到了广泛应用和深入发展。虽然传统的办公模式依然存在，但是一种新兴的办公模式——无纸办公已经兴起，以自动化、网络化、数字化为显著特征的办公模式成了信息时代发展方向，由此也给档案工作注入了新鲜的活力和生机。借助于网络和科学技术，在起草文书、签发文件和对档案的保存、归档等一系列的过程中，可以采取通过计算机和通信线路中进行，从而取代传统的档案书写归档等烦琐的过程，将在很大程度上减轻档案部门工作人员的劳动强度，同时也降低了物力和财力的成本支出，从这个意义上来说，档案工作现代化适应了信息化社会发展的需求。

（三）是满足消费群体的需要

当下的社会是一个紧密联系和相互影响的工业化社会，每个个人、行业、组织都是工业化社会发展中的一个环节，因此档案资料和信息的研究和利用并不只是局限于本部门的工作人员，而是有着很强的社会性和服务性。由于对信息的需求不仅数量增大，而且信息的完整性和准确性也较之以往有了更严格的要求，这就需要档案管理部门能够及时提供相关的具有一定知识含金量的档案信息，以此来满足消费群体的需要。

二、档案管理现代化过程中存在的问题

（一）档案管理的标准化程度不高

档案管理现代化不仅仅只是对使用的设备进行更新换代的问题，而是由多方面因素组成的一个系统化的工程，需要形成一个规范化的标准体系。从这个意义上来说，档案管理工作是否标准化和系统化是实现档案管理现代化的一个重要的先决条件。由于历史及社会发展等多方面的因素，在实际进行的档案管理工作中，各个部门的管理水平却有天壤之别的差异。具体到实际工作层面，许多部门的文书收集、整理归档、编目检索、传递利用等都没有形成一套完备的规范体系。案卷质量不高、档案管理松散、信息挖掘利用不到位、检索工具不完善等问题屡见不鲜。这些问题在很大程度上导致了档案管理的标准化不完善，效率和质量低下，服务效果不明显[①]。很多信息材料一进到档案部门，基本上就处于"退休"状态。所以为了加速档案行业的现代化水平，急需要一个科学的标准体系来规范各部门的档案工作。

（二）档案管理人员素质和能力有待提高

档案管理的现代化在本质上是人的现代化。除了在档案管理中广泛应用现代技术设备外，更重要的是提高档案工作者的能力水平。具体而言，就是要求档案部门的工作人员必须掌握相关的科学技术知识，具备熟练运用新技术和新设备对档案进行编目、检索、归档和收集管理的知识和技能，只有这样才能满足档案工作现代化的需要。在人们的传统认知中，档案工作就是一项保密性工作，档案员就是一个保管员，不需要开放，不需要过高的专业知识，这样就造成了档案工作的封闭，档案人员的能力水平有限，具体表现就是档案人员把工作的重心放在了对档案的整理存档、保管借阅上了。而对档案信息的开发和提高其利用率考虑得较少，更难结合社会发展需求和档案馆的实际，有计划、有针对性地开展对档案材料进行编纂，忽视了对档案信息的深层次加工这一重要的环节。这样的工作能力和基本素质，显然无法满足信息社会对档案工作者的基本要求。

---

① 顾昕. 基于档案管理信息化条件探讨档案管理的现代化趋向 [J]. 中外企业家，2016, 26 (14): 109-110.

（三）档案管理设备和技术落后

档案部门设备和技术的先进程度是由对其的经费投入决定的，而由于社会档案意识的普遍偏低和档案管理的重要性的认识不足，导致对其投入的经费较少，现代化的设备和设施配备不足。具体表现为：有些部门没有独立的档案室，档案资料存放的场所、装具不符合要求、检索工具不标准、种类少等等问题。这样的基础设施条件，在面对多种多样的档案信息资源和信息需求时，势必会力不从心，也会严重影响档案管理的现代化进程。

三、实现档案管理现代化的途径

（一）提高档案管理标准化、规范化水平

档案管理标准化、规范化是档案管理现代化的一个至关重要的环节，不仅是对档案工作进行科学管理的一种手段，也是衡量档案管理现代化程度的一个重要尺度，更是实现档案管理现代化的前提和基础。所以，无论是档案行政管理部门，还是本系统、本单位在开展档案的理论研究、制定档案标准规范的过程中，首先都要依据档案工作发展的规律和自身的实际情况，制定出切实可行的相关标准和规范，从而在保证档案的真实性和完整性，做到在维持好档案工作秩序的基础上，更加方便档案的查找利用，最大限度的发挥好档案的经济和社会效益。其次还要在制定档案标准规范的过程中，广泛听取和采纳专业人士的意见、建议，力争制定的标准规范科学合理、便于操作实施，从而为加快档案管理事业现代化进程起到积极的作用。

（二）加强人才培养，提高档案工作者的整体素质

人是管理的主体，现代化的管理主角是具有现代思维和意识的人才。所以现代化的管理要真正地实现，首要的就是改变人的思想观念。要使档案工作者具备和增强服务精神，牢固树立依靠现代科学技术设备和方法来实现档案现代化，从而更好服务社会和经济发展的观念。为实现这样的目标，档案工作人员首先要认识到自己工作的重要性，增强政治责任感和做好工作的紧迫感，树立严谨的工作态度和良好的工作作风。其次要加强专业理论知识的学习，不断提高自身的知识水平和职业技能，精益求精地干好工作。再次，还要加强对相关现代科学技术知识的学习，积极参加各种形式的培训，跟上科技发展日新月异的时代大潮，不断提高自身适应档案现代化发展要求的知识水平和工作能力，积极主动地融入信息社会发展洪流之中，用自己出色的工作业绩来彰显出档案工作对于社会发展和文明进步的无可替代的积极作用。

（三）加大经费投入，实现档案装备和技术的现代化

档案管理现代化的真正实现，除了人才的培养这个"软件"外，还需要非常重要的"硬件"支撑，换句话说，必须对档案管理的硬件环境进行大的改造。当今社会是信息社会，随着社会、政治、经济、文化等方面的活动的不断增加，所产生的档案数量也随之增多。单纯依靠传统的

人工手段来管理档案，已经远远不能满足档案事业发展的需要，因此运用现代化的技术和手段对档案进行管理势在必行。现代化的档案管理与传统的档案管理一个很大的区别是对于技术和设备的依赖程度。为此，各行各业的业务和行政主管部门应该加大对档案事业的硬件环境建设，根据具体的实际的情况，配备相应的设施设备，运用计算机等现代技术对档案进行编目、录入、检索和收藏。这样既方便了档案工作人员，又满足了利用者的需求。同时，借助现代存储技术和检索技术，不仅可以建立馆藏资源信息库、数据库和电子档案阅览室，还可建立覆盖地区甚至全国的信息网络，以实现档案信息资源共享和异地跨馆互为代查等功能。

总之，在以知识和信息为主要特征的新时代，实现档案管理现代化已是必然趋势。档案管理工作者要紧跟时代发展步伐，发扬与时俱进，勇于创新精神，用新观念、新思路、新方法、新举措，建立起一整套与自身实际相适应的档案管理体制机制，将档案管理提升到一个全新的水平，从而使之更好地服务于经济社会发展，为实现全面建成小康社会的宏伟目标发挥出应有的作用。

第二节　档案管理信息化

创新档案管理理念以实现档案管理信息化是值得人们进行深入分析的，因为这关系着档案管理的质量，同时对于档案管理信息化的建设与发展也具有一定的影响。只有不断地创新档案管理理念，才能跟上时代的发展潮流，做到与时俱进，以加快我国档案管理信息化的建设步伐。这就要求有关管理人员能够提高对于这方面的认识以及重视程度，不断的严格要求自己，积极地采取一些有效的措施，以进一步提高档案信息化管理水平。

一、档案信息化管理的优越性

随着时间的推移，我国的信息技术也在不断地进步与发展，而档案信息化的管理方法就是一种创新的体现。就目前而言，传统的管理方法已经难以满足档案管理工作的要求，而这种方法的出现就极大地满足了这一点，通过使用这种管理方法，能够进一步的提高管理水平，取得令人满意的档案管理效果。而与其他的管理方式相比，往往具有一定的优越性以及先进性，这就值得被人们进行推广与应用，针对其方法的优越性而言，主要体现在以下几点。

（一）提高办公效率

通过采用档案信息化的管理方式，能够进一步的提高办公的效率，这是其优势之一。尤其在如今信息时代背景下，对于各个行业都造成了一定的冲击，如果不能加以创新档案管理理念，最终就会被时代所淘汰。而信息技术与档案管理工作的结合就是一种新的创新方式，能够帮助人们进一步的加强档案信息化的管理，有效地提高办公的质量以及效率，成为管理人员的有效管理手段，同时还有助于方便用户进行搜集与浏览，具有一定的便捷性，进而取得良好的档案信息化管理效果。

（二）方便资源的共享

方便资源的共享也是档案信息化管理方法优越性的体现之处，在如今信息高速发展的时代，人们对于信息的需求是极为迫切的，有关方面就提出了信息、资源共享等理念，通过实现资源之间的共享，能够更好地满足人们的需求，促进企业的发展，进而有助于更好地推动时代的进步与发展。而在我国档案管理的过程中，资源共享的要求也有所体现，这就要求有关部门能够做好档案资源的共享工作。而通过不断的创新，档案信息化的管理方法得以诞生，通过加强信息化的管理与建设，就能帮助人们加以完善管理系统，进而有效地实现资源的共享，实现档案资源利用率的有效提高。

（三）保存具有稳定性

传统的档案管理主要是纸质档案，纸张保存的受到外界环境的影响比较大，其中纤维素决定了纸张的耐久性，但是纤维素容易受到高温、潮湿、氧化等等因素的影响，很容易受到破坏，因此如果保存不当会影响档案的完整性，造成难以挽回的损失。但是档案管理的信息化可以有效地避免传统的档案管理中存在的弊端，提高了档案存储的稳定性，不容易受到外界环境的影响，同时也可以提高信息传递的方便性和快捷性。

（四）提高了信息传递的速度和安全性

传统的文件传递方式，文件在传递的过程中受到人为因素的影响，造成文件的丢失，同时用邮寄的方式来传输文件，也会影响传输的及时性，这就给档案管理工作带来了困难。但是利用网络技术进行文件的传输，可以有效的缩短传输的时间，保障了档案资源的安全性，提高档案管理工作的效果。

二、创新档案管理理念，实现档案管理信息化的有效途径

创新档案管理理念能够更好的推动档案管理信息化的建设与发展，而如何进行创新管理就显得极为关键，这就要求有关人员能够重视档案信息化的建设，并且能够转变相关的思想观念，提高自身的技术水平，以更好的满足实际档案管理工作的需要[1]。同时有关部门也应该积极的采取一些有效的措施，以进一步提高档案信息化管理的效果，真正的发挥出信息化管理系统的作用，更好的加快我国档案管理信息化的建设步伐。具体而言，可以从以下几个方面进行综合的考量。

（一）建立规范的档案管理体系

我国档案管理的时间相对较晚，因此档案管理的基础差、管理质量不高，档案管理工作的分类标准不统一，因此需要解决当前档案管理中的存在的问题。这就要求有关部门以及工作人员能够集合实际的情况建立健全相关的档案管理体系，以起到一定的规范作用，更好的促进档案管理水平的提高，以更好的满足实际档案管理工作的需要，尽量避免一些问题的发生，从而进一步实现档案管理的信息化。

---

[1] 史灵芝. 档案信息化建设与档案管理研究 [J]. 中国管理信息化，2016，19（14）：187.

（二）强化档案管理工作的安全措施

档案管理工作主要是依靠人来执行一切工作，无论是传统的档案管理还是信息化的档案管理，安全性也主要是依靠人的主动性，这就会增加档管理工作的安全性，档案管理工作的信息化也会增加影响档案的保密性，因此为了能够促进档案管理的信息化进程，需要提高档案管理工作的安全性，避免黑客的对于系统的威胁，提高数据资源的安全性。

（三）建立档案管理制度

在建立档案管理制度的过程中，需要重点强化档案管理的科学性和合理性。随着社会的发展逐步的完善，同时还要根据不同档案的不同特点，制定针对性的措施，提高制度的约束性和可操作性；同时档案管理制度还需要对工作人员的行为进行约束，强化制度的执行力度，提高制度的约束性。

（四）提供技术的支持

技术的发展是档案信息化进程的基础，没有技术的支撑档案的信息化进程只是空话，为了能够保障档案信息化的进程，需要从源头上减少档案的毁损率，通过技术的进步来减少电磁的干扰，同时技术人员还要研究出档案信息的管理软件，提高信息化管理系统与办公系统之间的融合程度，同时档案管理的软件的安全性也是软件开发人员需要重点研究的方向，提高信息的综合开发能力，促进档案管理工作的效率。

随着时代的不断向前发展，我国的档案事业也获得了较大的发展，但是同时也在面临着一些问题，传统的档案管理理念已经不能很好的满足当今信息化档案管理的要求，因此只有不断地加以创新，才能寻求突破与发展。所以，有关档案管理人员应该注意结合自身的经验以及有关知识，不断的创新档案管理理念，以满足信息化档案建设的要求，为人们提供多样的、个性的信息化服务，实现有效的档案管理，以更好的促进我国档案事业的建设与发展。

第三节　档案管理数字化

一、档案管理数字化的重要意义

档案管理朝着数字化的方向发展无论是对单位的发展还是适应社会的发展趋势都有非常深远的意义，将会给各单位的工作提供佐证。迅速提高档案的利用率，对提高档案的利用价值起着不可估量的作用，主要体现在以下几方面。

（一）便于档案的整理和档案信息的共享

只有实现档案数字化，才能冲破档案利用的种种局限，使档案管理部门从封闭走向开放，从档案的保管和利用职能向信息采集、管理和服务职能转变，实现档案信息资源的合理配置、科学管理，为社会提供高效、优质的服务。一些部门要查阅档案，要经过很复杂的工序。需要领导的同意才能到档案部门进行查阅。查阅可能要往返档案部门多次，过程相当的烦琐。如果档案信息化管理，我们完全可以利用局域网进行档案的共享，给予需要查阅的档案。

（二）便于保护档案原件

档案数字化管理可以利用信息化的手段将档案原件扫描到计算机，然后以电子文件的方式分类、管理和保存。避免了档案原件的损坏，同时大大降低了档案原件丢失的风险。使档案原件管理起来更加的方便、可靠。可为科学研究和知识普及提供智能化服务。档案信息化，可一次投入，多次产出，远程服务，资源共享；可缩短二次文献信息的编著时间，提高档案信息利用的时效性；以往档案的管理模式，过于烦琐，需要管理者通过手工工作来整理档案和制作目录。这样不仅耗费了管理者大量的精力和时间，并且容易造成一些错误。而信息化的管理方式就可以避免这个问题，只需管理者利用计算机进行一些指令操作即可完成操作。

（三）网络管理，调取信息便捷易行

我国大多数事业单位内部都建立起了适宜单位内部工作展开的局域网络，实现了各区域部门的资源共享。档案管理工作人员将档案信息录入电脑系统后，各单位中的各部门可以通过单位内部局域网络，通过密码验证的方式进入档案数据库中进行档案的调取与查阅，这样不仅可以减少档案调取过程中的时间，同时也减轻了工作人员的工作负担，使得工作人员的档案资料可以在内部进行快速的流通，以此提高政府各部门间的办公效率。

二、实现档案数字化存在问题

（一）数字化管理人才缺失

由于数字化档案管理需要借助计算机技术以及网络技术的支持，因此传统的档案管理人员在进行工作的过程中经常会出现一定的局限性，难以有效地对计算机进行操作，无法完成正常的信息录入与管理工作。

（二）数字化基础设施配备不完善

配备统一先进的计算机设备。基础设施建设，是实现档案管理信息化的必要条件，主要指档案信息网络系统和档案数字化设备。它是档案信息传输、交换和资源共享的基础条件，只有建设先进的档案信息网络，才能充分发挥档案信息化的整体效益。实现计算机在档案部门的全覆盖。利用计算机档案管理系统可实现：档案自动编目和检索、档案自动全文存储与检索、档案业务工作管理、计算机辅助立卷、档案自动标引，以及文档一体化管理等。

（三）档案管理制度不完善

"数字化"档案顺应时代发展，但对于"数字化"档案管理制度却并不十分完善。电子档案建档后如何管理，如何规范使用等问题需要解决。电子档案是否可以实现共享，如何共享，

查阅人员需要注意什么。制度不同，工作进行就不顺利，档案"数字化"就困难重重①。

三、实现档案管理数字化的措施

（一）培养数字化管理的专业人才

有关事业单位应对单位内部档案管理人员的素质进行提升，保障管理人员的工作质量。首先，事业单位应有针对性地进行专业人才的培养。针对数字化档案管理对计算机技术与网络技术的需要，组织档案管理人员对计算机技术以及网络技术进行学习，并在学习一段时间后进行技术的考核，以便验收培训的成果。其次，要保障信息录入的质量。档案信息是事业单位员工的基本信息，其对事业单位内部员工未来的发展，以及事业单位对员工的了解等都有着一定的影响。因此有关事业单位应加强对档案信息录入的监督，确保信息录入的准确性。

（二）配备完善基础设施

配备统一型号、统一规格的计算机全面覆盖，为机关档案管理实现信息化提供硬件保障。随着机关档案数量的增加，档案部门面临着沉重的库房压力，以及档案自然老化和人为损害的难题，这就需要使用大容量的档案存储载体。这样不仅可减轻管理人员的工作量，而且能提高档案工作效率，并在日后查阅档案中避免对档案的磨损，更有利于保存及查阅。

（三）创新档案管理制度

档案数字化的标准、规范相当于信息高速公路上的"交通规则"，对于确保计算机管理的档案信息和网络运行的安全、畅通，具有十分重大的意义。档案管理部门应制定适应信息化建设的档案管理制度。一是健全和完善档案管理业务流程和技术规范，细化电子档案工作环节和步骤；二是制定必要的安全措施。统一档案管理标准。如果没有标准，档案数据库中的信息资源就无法建立；如果相关档案部门不按统一的标准去做，各搞一套，自成体系，那么档案信息网络就无法畅通，资源共享也就难以实现。

综上所述，档案信息化建设作为难度、信息量极大的工作，需要建立统一的档案资源处理机构进行信息的整合、分类以及信息资源合理分配。在这个信息处理机构中要保证工作的合理安排和稳步进行，需要有一个强有力的指挥部门发挥作用，各部门明确分工合作，负责网络传递信息的部门提高工作效率，让人们快速接收到所需信息，满足人们对档案资源的基本需求。在档案信息化建设的过程中需时刻把握工作方向，即充分利用档案资源，一切从实际出发，相关单位可以结合单位发展实际和信息需求，对某方面的档案信息重点开发使用，稳步推进信息化建设，避免资源的浪费。

---

① 李晓琳，王艳华．关于档案信息化建设与档案管理的探索 [J]．企业改革与管理，2016，14（5）：115-116.

第四节 档案管理规范化

在我国的档案管理工作中，还存在着一些不容小觑的问题，尤其是在基层档案管理工作中，这些问题更是得到了放大，使其难以达到计算机管理的现代化要求。档案管理是一个单位的历史沿革，它能够对单位的职能活动，进行全面化的展示，同时也便于后期的搜索和利用。要想确保档案的标准化管理目的，那么对于日常的文书工作中，就应该做出规范化的要求，这样才能为后期的档案规范化管理，奠定足够扎实的基础。本节通过对档案规范化管理的必要性，以及实现档案规范化管理的具体措施展开深入的探究，希望所得出的相关经验和结论，能为档案管理人员，起到一些积极的参考作用。

一、实现档案管理规范化的必要性

档案的规范性管理，主要指的是将那些分散于各个机关的文件和档案，合并为一个规范化的管理组成，而文件中心的内容，大致是介于文件形成机关和档案管理部门之间的一个过渡机构。如果缺乏规范化的档案管理手段，那么就有可能会造成一些具有重要价值的文件失控，不仅影响了这些档案的参考服务价值，甚至会影响到档案管理部门的功能性。随着科学技术的不断进步，文件档案的计算机管理也克服了以往工作环节中那种重复雷同的档案管理问题，帮助档案管理者可以介入到文件的生命周期中来，从根本上提升档案的利用效率。

二、实现档案管理规范化的具体措施

（一）对案卷进行全面的普查

要想实现档案管理的规范化，那么首先需要做的，就是要对案卷进行全面的普查。在一般的综合性档案馆中，很多档案都未能进行全面的清查，还有一部分档案由于移交单位所划分的保管期限不够准确，或者是一些案卷的标题不够规范，甚至缺少必要的目录，这样就导致不可避免地出现一些重复的现象。所以在对案卷进行全面的普查工作时，需要对其中那些无用的文件进行剔除，去除糟粕，对计算机管理的效率进行提升，避免录入一些内容重复的档案。

（二）对案卷展开重新地组合

在规范化管理的工作中，需要对那些过厚、内容较为繁杂，且存在鱼目混珠问题的案卷，进行重新组卷的工作。在档案的重组工作中，首先应该向工作人员进行相关原则内容的强调，帮助他们对档案内容进行系统化的整理与重组。对待那些无页码、无卷内目录和无案卷标题的档案，可以根据其实际记载信息，对其进行有效的加工和分类，促进案卷内容的规范化。在对案卷展开重新组合之后，可以对档案馆的馆藏进行必要的优化，提升其保管上的科学性，并对后期的计算机管理档案效率进行强化。

（三）注意保护卷宗的完整性

在档案管理中按照"以我为主"的归档原则进行操作时，首先要确保卷宗的完整性，并给所归档的文件，都应该按照已经归档后的文件格式来进行。在归档的过程中，对于归档工作重点，有关人员需要进行明确的标示，并按照档案信息内容，对其进行主次的区分，把握住卷宗的入口关，将那些不符合标准的文件内容剔除出去。当然，在这个过程中，也应该避免档案丢失的情况发生。在立卷的过程中，需要将那些具有内在联系的文件材料组合在一个卷内，对同一个问题的完整性进行保持，将其能够反映同一问题的处理过程，如实的反映出来，这样才能对档案的价值性进行体现，同时这也是为档案规范化的管理工作打下基础。

（四）用"重点词"代替"主要词"。

用"重点词"来代替"主要词"的管理原则，为了提升档案管理的工作效率，可以对标题内容进行必要的简化处理，这样在将档案录入到计算机之后，就能够以批量化的操作形式来展开处理。例如在对聘任文件一类的档案进行整理时，涉及多人聘任时，文件名称不可能将人名写全，可以在标题后面进行标注，文件内容都有哪些人员，便于后续进行方便查找[①]。这样可以在管理工作中提升手工标引的效率，在管理中引入更为系统化和规范化的管理内容。

（五）实施"以我为主"的归档原则

"以我为主"的归档原则，主要是对那些即将归档的文件，要按照本单位形成的文件为主，推进档案工作的标准化和规范化。在实际的工作中，主要可以从以下这几点内容入手：首先是要对避免在档案管理工作中出现混乱和无序的状态，根据当前已经掌握的档案文件入手，对那些已经完成的任务，以及还未完成的任务内容进行划分；其次，要在相关原则内容的指导下，对文件归档的重点进行确立，明确其分工内容。在工作之中，可能会遇到一些在形式上、内容上和作用上存在相似之处的文档资料，所以在工作中，需要档案管理人员对其展开具有针对性的分类整理，减少归档中可能出现的重复问题，对信息的利用价值进行提升，提升检索的效率。

总而言之，要想实现档案管理的规范化，那么相关工作人员需要在工作之前，对档案管理的工作内容有个清晰的认识，确定相应的工档案管理手段。从根本内容上入手，切实提升档案管理的规范化改革，这样才能进一步强化档案管理的效率，对其检索功能做有效的提升。

第五节　档案管理科学化

社会主义建设新时期，我国经济不断发展，社会不断进步，这就要求事业单位承担起更多的发展经济、服务民生的职责。为此，事业单位要顺应社会发展潮流，加快管理的科学化

---

① 陈志文，方凤英．浅谈档案信息化管理面临的问题及对策[J]．经营管理者，2014，11（12）：148-149．

进程。事业单位档案部门作为事业单位的重要组成部分，要服从于单位大局，加速实现档案管理工作的科学化，实现档案管理的信息化、规范化，实现明显的质量效益与社会效益。

一、科学化在档案管理中的重要性

当今社会，人类已经迈入了数字信息时代，社会现代化水平不断发展，数字信息技术广泛应用，传统的档案管理方法已经不能满足社会发展需要，因此必须充分利用现代化信息技术，加强对档案的科学管理，只有这样，才能促使现阶段档案管理工作效率的不断提高，提升档案管理信息化水平。所以是，档案管理的科学化能够使档案管理部门提升工作的效率，加快信息的传递，更好地服务于民生，加快为事业单位发展；需要强调的是，档案管理的科学化是档案管理工作不断发展的需要。虽然近年来我国档案管理水平有了一定的提升，但档案管理的科学化水平与国家的发展与人民群众的需要还不能保持一致，这需要还需要相关档案管理机构人员进行不断的探究。由于档案管理工作具有一定的复杂性，必须对其进行现代化的管理方法，使管理难度降低，提高档案的利用效率，促使档案管理工作更具科学化，是档案管理工作不断发展的具体需要与发展方向；提高国家文化软实力，符合科学发展的具体需要。档案不论采用何种形式，都体现了国家的社会经济、政治以及国家的精神文化，档案管理属于我国文化建设的工作的重要组成部分。档案管理科学化水平的不断提高，在文化层面角度，对国家快速发展，促使国家文化软实力不断提高有着重要的意义。

二、档案管理科学化解析

事业单位的档案管理是一个综合性工程，包含诸多流程，其管理的科学化也是一个综合性的系统工程，具体而言。

（一）检索与目录管理的科学化

档案检索和目录管理在档案管理中有着举足轻重的作用，它们是实施档案管理的基础性环节，在检索和目录管理中，使用计算机技术对相关的目录进行系统的生成，从而大幅提高档案的管理效率。档案部门要积极引进先进的计算机技术，在使用的过程中，要使用专门的软件进行档案管理。事业单位的档案管理需要通过标准进行分类，按照相关的标准进行记录，将相关的信息记录到档案管理中，计算机能够自动地进行识别，输入后就可以显示。利用计算机技术，可以最大限度地提高使用的效率，从而极大方便读者和用户信息检索，做到在极短的时间内就可以将需要的档案信息检索出来，这样就减少了事业单位档案管理的工作，缩短了时间。利用现代化的科学技术手段，可以充分地发挥事业单位工作人员的效率，增加档案管理的深度和广度①。

（二）库房管护的科学化

库房管护是档案管理流程的重要一环，使用计算机技术进行系统的采集和整理，从而达

① 杨柳，史小建，王淑梅．"信息与档案管理"课程教学改革探究．河北农业大学学报（农林教育版）[J].2016，18（2）：89−92.

到高效化管理。随着计算机技术的广泛应用，事业单位档案部门要根据自身实际摸索出属于自身发展的新的档案管护方式，实现对库房管理手段的更新。计算机技术的应用打破了传统的理念，能够进行实时监控等功效，通过对空调设备、干燥、加湿等予以控制，从而控制库房湿度、温度、防盗报警以及火警报灾等。

（三）辅助环节的科学化

事业单位档案管理有着众多的流程，包括档案的收集、保管、整理、鉴定、利用、统计分析、销毁等。这需要管理人员采用档案管理相应的软件对档案借阅以及归还进行统计，使档案工作者能够及时对档案存储的实时信息进行把握，一方面减少工作量，一方面也可大幅提升管理效益。

（四）构建科学化的互联系统

事业单位档案管理只有突破传统，建立起科学化的互联系统，才能够满足用户需求。事业单位档案部门要与上级部门和兄弟单位互联互通，有利于对资源及时共享，实现档案信息资源的最优配置。

三、建构档案科学化管理的保障体系

事业单位档案管理的科学化是一个系统性的综合工程，不是一蹴而就，需要建立起一套完整的保障体系。需要强调的是，虽然现代化的技术将计算机以及网络技术应用于事业单位的档案管理能够在很大程度上节约工作时间，提高工作效率以及准确率。但是，计算机管理也存在着一定的网络风险，需要加强技术性保障，具体说来，首先做好文档分离。不少单位文档工作在其通过文档口时，将文件的前面两个阶段视作文件，而只将后面两个阶段视作档案，管理标准也不统一，这样使文档运动各个阶段相互独立，致使文档分离；其次，高度重视网络安全。由于网络技术不断升级，对档案信息实施网络管理时，其可靠性以及安全性问题越来越受到关注。而大部分档案管理者又缺乏必要的计算机技术，如果只对电子文档相应的逻辑归档进行了设计，而并未考虑到其物理归档，网络一旦遭到破坏，档案也会消失，从而导致设备利用率较低，复合型人才较为缺乏。档案室对计算机进行应用时，功能单一，大部分仅用于文件打字或者档案著录，对财力、物力和人力无疑是一种浪费。这就需要档案部门做好文档进行一体化管理，真正解决文档分离问题。

事业单位要顺应社会发展潮流，加快管理的科学化进程。事业单位档案部门作为事业单位的重要组成部分，要服从于单位大局，加速实现档案管理工作的科学化，实现档案管理的信息化、规范化，实现明显的质量效益与社会效益。

第四章　现代档案信息管理

第一节　档案信息管理的优势及安全问题

目前信息技术已经被广泛应用于各个领域，并且均获得了良好的反响。在当前每个人的工作量不断提升的环境下，利用信息技术可以将工作高效化，直接提高了工作的速度，并且可以避免一些人为因素导致工作中出现错误。档案管理工作也逐渐呈现信息化，虽然相比于以往的管理方法，其存在着许多优势，但随之而产生的则是许多重要的安全问题。本节首先分析了信息化管理存在的诸多优势，同时列举出目前信息化管理存在的主要安全问题，并提出有效的解决措施，为相关工作者提供参考。

对档案进行信息化管理可以将工作变得更加便捷，同时摒弃了以往的纸质文件也能够让工作更加符合环保的理念。但采取各种这种管理方式必然会面临许多安全问题，尤其是目前信息技术相对发达，很多不法分子都采取手段来威胁到档案的安全，以此来获得非法利益。虽然这些问题受到了广泛关注，但是由于安全问题是实际存在且很难避免的，所以并不能从根本上解决这些问题。

一、档案信息化管理的优势

有利于挖掘数据的潜在价值。信息化管理使档案可以通过网络进行访问，进一步提高了民众查询档案的便捷性，使整个过程不再复杂且烦琐，使得档案的传递与共享也可以通过网络来进行，超链接、网站等介质使信息交流的方法变得更加多样化，还可以增加同一时间的访问量。以哈尔滨市档案网站举例，近五年的数据显示，每年访问网站的人次达到了相同时间内档案馆访问人次的二十倍以上，这表明通过网站可以更好地做到信息的传递与共享。除此之外，这有利于挖掘数据的潜在价值，如果能够将所有数据进行统一研究并且相互对比，就很可能获得更多的成果。将这些数据进行合理地整理与分类，更容易发现其中的价值，也可以更好地进行数据共享。

更加符合绿色环保的理念。传统的档案都是纸质的，并不能符合我们对于环保的要求，尤其当档案的内容需要更新时，原有的档案以及与更新内容有关系的档案都需要作废并重新建立，在这过程中就造成了大量纸张的浪费。而信息化管理是通过系统对大量的档案进行管理，减少了人工操作，同时减少了纸张的使用，档案的更新也可以通过计算机来完成，因此更加绿色环保。

数据信息的传输与共享更加方便。档案的信息化管理可以使信息的传输与共享变得更加便捷，使信息更好地进行互通。档案可以通过网络进行传输与共享，这样就可以不受到环境的限制，随时都能将信息传输到各个终端上。如果在终端之间构成了完整的网络系统和信息系统，就可以实现文字、语音、数据、图像等信息传输、信息处理以及信息共享。一些企业为了提高工作效率，需要档案信息能在短时间内在内部进行传输，并增加共享的程度，使内部人员可以更加快捷地获取信息，并弥补工作中存在的缺陷。而信息化管理可以将其实现，档案可以通过计算机在企业内部进行快速传输，不仅能在短时间内达到共享的目的，还能做到多人共享。

二、档案信息化管理存在的安全问题以及解决措施

档案信息化管理存在的安全问题。

网络传输存在信息安全问题。档案中具有大量的信息，其中会有很多是涉及个人隐私，商业机密等，这些都是不能被他人获取并且受到法律保护的。这些信息存在着巨大的潜在价值，同时也是被保护的重点，因为一旦出现泄漏，那么就可能对个人造成巨大的影响，所以应做到避免这种情况。但是在档案管理的过程中必然需要对一些信息通过网络进行传输，因此在传输过程中容易面临安全问题。如果在网络传输时不能采取合理的保护措施，就会存在信息泄露的风险。目前有很多不法分子通过盗取档案信息来获取利益，这些信息很可能被贩卖或者非法利用，这会造成十分不良的影响，用户的信息被他人获知，也使个人的财产受到了一定威胁。因此，网络传输缺乏安全性是目前比较严重的问题之一，也是很容易产生严重后果的潜在威胁。

真实性问题。在以往的工作中，都是由管理人员对档案进行整理并交由上级部门审阅并签字盖章后进行存储，虽然过程相对烦琐，但是可以避免档案的内容中存在错误。信息化管理虽然简化了工作，但是缺少了审阅的步骤，就不能保证档案的真实性，一些比较明显的错误也容易被忽略。除此之外，档案容易在存储时容易被恶意拷贝、修改或删除，其内容可能因此不完整或者缺少真实性。

档案载体的不稳定性。电子档案通常会存储在计算机硬盘、软盘等载体中，这些载体的优点在于存储量较大，且不容易出现丢失的情况。但是这些载体是有寿命的，并且容易被外界环境影响，当处于潮湿、强磁场等恶劣环境下容易被破坏，进而导致其中存储的信息无法获取。同时将这些载体连接到一些被病毒感染的计算机上时，同样容易致使信息泄露或丢失。因此档案载体通常是不稳定的，但是这种不稳定也取决于我们如何将其置于何种环境下保存。

档案信息化管理安全问题的解决措施。

采用安全性能较高的系统。为了保障档案信息的安全，应当使用安全性较高的系统，避免过程中出现信息的丢失、泄露等情况。在安装软件时，应当从官方网站或正规网站上下载，避免计算机被感染病毒，定期对系统及软件进行更新，并根据提示安装所需要的补丁。一般来讲，系统内部都有相应的安全及防火墙设置选项，应当根据具体情况对其进行设置。

完善信息化管理的安全保障体系。对电子档案进行管理，需要有体系作为依靠，避免不规范的操作对信息的安全构成威胁。在创建电子档案时应当明确每个人的权限，在被授权的情况下，相关人员只能对其进行阅读，不能对其进行修改、删除等操作，这样既保护了个人隐私，也提高了信息的安全性。还应当建立专职的管理团队，内部人员需要具备相应的知识，且能够熟练操作管理系统，并通过不断学习，以此来适应信息技术的不断发展。在硬件管理方面也应当加以重视，确保档案载体被保存在适宜的环境中，防止被破坏。这些改变都需要通过完善保障体系来实现。

采用多种安全防范技术措施。为了避免档案存在泄露的风险，就需要采取相应的安全防范技术措施，让档案能够处于安全的管理之下。建立安全防护系统可以很好地避免信息外泄，使不法分子无法通过各种手段来获取档案内容，同时也防止在传递的过程中被他人截取，在存储时被他人盗取，防护系统可以使系统不受到外来的影响，从根本上避免了安全问题的出现。除此之外，还可以建立防火墙来对系统进行保护，在保证连接网络的同时不受到外来的影响。防火墙可以拦截一些可能存在隐患的信息以及一些异常的访问要求，并采取相应的防护措施，防止一些不法分子通过传输病毒或非法访问等手段进行破坏，也能拒绝外界人员的读取要求。由于近些年出现内部人员贩卖信息的情况，所以针对这种可能存在的风险，需要对一些关键的信息进行加密处理，并确保每个管理人员都是实际可靠的，尽量将所有隐患都扼杀在萌芽中。

档案管理信息化的普及，代表着我国的信息化建设已经达到了一个新高度，同时这也是我国十分重视的工程之一。以往的档案管理只限于对纸质档案的看管，而现在则是由专门的管理人员使用操作系统对档案进行管理，这种变化让管理工作变得更加简便，同时可以有效避免档案在传递或者使用过程中出现丢失的问题。目前管理工作面临着可靠性问题，主要集中在档案容易出现丢失以及泄露等方面，这就需要相关人员通过努力，不断完善信息技术，来保障档案管理的安全。

第二节　档案信息管理系统的设计

为加强档案信息综合管理和利用，建立一套安全可靠、功能完善、能够与 OA 等相关系统进行无缝集成、可以处理大数据量的专业电子化档案管理系统成为必然趋势。文章结合公司档案管理工作的实际情况，研究档案管理信息系统的设计；选用了多层结构进行系统的架构设计，提出关系数据库加全文库的数据存储模型设计；探讨针对不同的数据来源的多种数据采集录入方式，详细分析了系统各模块的主要功能。

当今世界计算机技术和网络技术日新月异，在办公自动化背景下，用人工方式或简单地使用计算机管理和利用档案资料效率十分低下。相关信息系统产生的众多电子文件需要进行必要的管理和使用。因此，加强档案信息的综合管理和利用，为决策和管理提供支持和服务成为必然趋势。

一、建设背景

目前，公司有文书、科技、会计、音像、实物、照片、图书资料等类型的档案。公司已建设有 OA 办公系统，基本实现了电子公文流转，而文件归档管理还采用人工方式，缺乏一套能与相关系统对接并进行数据交互共享的档案管理系统。现有的手工管理档案的方法已经不能满足日常档案管理工作办公自动化的要求，因此需要建立一套安全可靠、功能完善、能够与 OA 等各个系统进行无缝集成、可以处理大数据量的专业电子化档案信息管理系统。

二、系统设计

系统架构设计。档案信息管理系统采用多层结构，配置可随需求灵活变化；公共组件是管理系统平台的主要组成部分，联合业务组件共同实现面向角色的服务；安全控制级别体系在系统的每个层次上，为用户授权、数据加密、网络控制等安全控制手段提供支撑；标准规范接口允许授权用户以标准方式接入，通过系统接口集成，实现 OA 等各类业务系统上持续产生的归档文件转入档案管理信息系统中，保证系统的对外延伸性。

系统自上而下分为 4 个平台层次，分别如下。

物理层：信息系统的物理基础平台，包含网络、服务器和存储设备。

数据层：基于物理基础平台上的应用系统支撑平台，包括操作系统、数据库系统等系统软件。

应用层（中间层）：应用系统的中枢和击筑，以综合档案管理系统平台和中间件对外提供通用的功能服务。

应用表示层：为客户端提供友好的使用交互界面，主要实现档案数据录入、档案管理、档案检索和利用服务等功能。

数据流和存储模型设计。档案系统的数据存储采用关系数据库加全文库的方式。通过数据采集，形成标准规范化数据。档案条目和电子文件是分开存储的，分别存在关系数据库和全文库中。系统将关系数据库中的档案条目信息和全文库中的电子原文信息进行关联，成为系统的数据资源。

数据采集针对不同的数据来源，系统提供了多种数据采集录入方式。其中，纸介质档案可以通过扫描录入方式，多媒体档案可以通过音、视频采集系统转换方式；而用户老的历史数据可以通过"档案管理"中的数据转换功能直接转入关系数据库中；在用信息系统的归档文件则通过集成接口归入档案信息管理系统中，再由档案管理人员进行整理和归档。

三、需求分析

建设目标。系统以提高不同类型的档案和文件资料的整理速度并提供全面的利用为目的，实现各类档案的网上归档立卷、整理、编目、检索、浏览、下载、编辑、打印、统计、鉴定、销毁的管理；完成档案数据的录入、信息检索、报表统计、信息发布等功能。提高档案的管理水平和利用效率，实现各类档案信息资源共享和对各类档案形成的全流程监督。

功能需求。

多全宗管理。公司虽然与下属两个生产点之间的档案管理是分开管理的，但又有合并查询及管理的需求。公司档案室可根据权限查到生产厂的文件目录和文档附件；生产厂档案室通过设置权限可以查到公司和生产厂信息共享的文件。

档案管理。档案员通过档案管理系统对档案信息进行综合管理，包括档案信息著录、制定档案组成规则及进行档案统计、档案保管等。系统能对不同专业的资料文档（如基建资料、会计资料、合同资料、科研资料、图片、声像等）进行分类管理，并根据不同等级设置相应的权限。档案管理按权限设置提供给档案员对数据进行增、删、改、查的功能，实现档案数据的日常维护。

档案分类管理。根据公司档案的管理特点，系统建立文书档案、声像档案、实物档案等类型。系统提供每种类型档案的标准模板，模板包括档号组合原则、各类报表、排列顺序规则等。

根据公司档案管理的实际情况，系统的档案分类具备可扩展性，档案管理员可增、减档案类型，针对每一个档案类型可扩展分类，并可以对档案类型模板的属性进行自定义。

档号产生。档案管理信息系统可以设定不同的档号生成原则，使用不同方式数据采集到的文件、档案转入档案管理信息系统时，系统主动产生档号。档案人员可手动调整档号，不拘泥于固有生成的档号。

整理编目。进行档案的采集、整理，规范数据录入格式，保证数据完整、准确；系统控制录入信息的规范化，利用下拉框、必填项等规定数据类型，避免手工输入的错误。针对采集的数据进行整理，进入整编库。对不同的档案类型，会有不同的整理（立卷）规则，整编提供了分散、集中及混合3种整编方式。

归档管理。

档案生成规则。档案管理系统设置各种档案类型的档案组成规则、档案所需的各种流水号等，通过各种途径收集整理的文件、档案在计算机归档时会自动生成编号、档号、序号、案卷分类、备考表盒号、件号、案卷号、卷内顺序号等。档案管理员可以限制案卷的总页数；可以灵活地进行流水号调整；可以进行案卷的拆分、合并等操作。

归档管理。在档案管理系统中，从OA系统导入的文件还不能进行归档操作，只有经过档案管理员的归档操作之后，文件才固定在文书档案文件目录的某一目录中。

档案文件管理。档案文件管理包括文书档案管理、基建档案管理、会计档案管理、合同档案管理、科技档案管理、声像档案管理和电子档案管理。

文书档案包括党务、行政工作的档案，如公司的收文、发文、重要会议纪要、总结及其他外来（市、局）纸质和扫描件来文等；也包括公司的各项管理流程，基建项目进行过程中产生的项目文件是指经过检定，反映项目从立项到竣工等全过程的文件。会计档案管理是在公司财务运营过程中，由财务合同所形成的归档文件，具体由公司财务部负责整理归档内容，公司档案室进行目录管理。合同档案管理主要是指管理公司合同审批过程中所形成的需归档的文件。科技档案管理主要是指管理公司组织的科学研究中所形成需归档的文件。声像档案管理是公司的各类影像资料，采用原件归档，声像文件和图片文件采用光盘备份。电子档案管理是指管理公司在日常工作中形成的电子档案。

档案统计。档案统计是指对各类电子档案数据进行统计，是对档案数据总量及查借阅情况进行分析、了解的重要方法，它对档案工作发展方向和工作核心的指引有重要的意义。系统不但能提供常规的统计功能，还能提供各类自定义查询。档案员在满足一般统计功能的需求下，可以方便快捷地查询到系统数据，进行统计分析，形成统计图表。

档案鉴定与销毁。档案快到保管期时，系统要设有预警，提示档案员对过期档案进行鉴定，以确认是否需要进行变更或者销毁。

档案保管。系统在设计阶段，充分考虑到用户对档案的实际管理需求，在系统中扩充了对档案的保管功能。档案的保管分为纸质档案实体的保管和电子文件的保管。

档案利用。档案的利用包括档案编研和检索。用户可以灵活地定制档案编研的类型。系统提供电子档案的信息编研自动核查功能，以方便档案管理员对档案进行监督检查。检索提供条件检索、按类型检索、跨类型检索、全文检索和关联查询等。

档案借阅审批。公司档案管理系统应对不同的用户设置有相应的文件查看权限，对文件有查看选取的用户，可以直接阅读原文，不用办理借阅手续。用户有权限范围外的查看需要时，需要走借阅审批的流程，应提交档案员或领导审批。档案员根据实际情况借出文件或是再呈领导进行审批。可以借出的，反馈借阅单，并提供可借阅文件。因此，用户都可以简单、便捷地管理借阅申请单。此外，系统设置有文件自动回收功能，在借阅时间到期时，系统会将借出的文件强制回收。

光盘制作。为使档案数据适应移动办公的需求，系统要含有光盘制作功能，可将系统数据转换为符合国家标准的光盘档案，可用在数据互换、离线保管、档案移交等方面，并将检索结果进行光盘打包。用光盘查阅档案时，不需要使用第三方浏览工具便可直接阅读数据文件。通过光盘制作，可以提供系统数据脱机存储、异地保存的功能。

通过系统设计、建设，规范档案的信息化管理，为公司全面实现档案信息资源共享打下坚实基础，给公司各业务部门档案查询和利用的方式和效率都带来相应的变化和提高，在信息资源共享、提高业务工作效率、避免重复工作等方面起到了重要的推动作用。

第三节　大数据时代档案信息管理

大数据时代对相关企业单位的档案信息管理工作的要求越来越高，和以往相比，档案信息管理工作需要有更专业化水平的人员来管理。基于此种背景，相关管理工作者需要优化管理的方式，完善管理制度加快档案的管理工作的进度，有利于不同企业单位信息之间的高速运转。因此，本节对大数据时代下我国企业档案信息化管理的现状进行分析，剖析其中存在的问题，对此提出相应的解决措施，为档案信息化管理日后的发展提供借鉴参考。

在大数据环境下，我国档案管理工作发生了一定变化，其中包括理论和体制变化，一些新的管理理念逐步产生，使得档案信息的安全性和服务性有了进一步发展。此外，档案管理最重要的方面是数据量大，覆盖面广。这样的管理方式不仅丰富了文件收集方法，也丰富了内容管理方法。从服务模式的角度看，档案管理工作的服务对象和内容发生了重大变化。从档案保密的角度来看，最明显的变化在于档案保存模式、经济保密和技术创新上的变化。在这一阶段，我们必须明确大数据时代的到来只是时间的问题，接受档案管理的变革是不可避免的趋势。因此，档案管理部门应探索更加科学有效的资源收集整理方式，运用更先进的信息采集手段扩大数据容量，扩大基层群众的档案资源范围。只有这样才能更好地为人民服务，更好地开展档案管理工作。

一、大数据时代下企业的信息管理工作状况

所谓的档案信息管理，指的是利用现代信息技术，以档案资源为管理对象，实现档案管理现代化的过程。在大数据和移动互联网高速发展的时代，先进的信息管理技术得到广泛应用，档案信息化管理不单是为了适应社会的信息发展，也是对于信息档案资源进行保护的另一种途径。企业作为我国的社会主体，其所涉及的档案工作相对较多。因此不断推进档案的信息化管理对于提升企业的档案管理水平有一定意义。

企业档案信息管理是大数据时代对企业的基本要求。档案管理数字化存储、档案信息网络化传输、智能化技术开发等都是企业档案信息资源在企业中的具体作用。大数据所运用的信息管理模式与以往相比有很大的不同，它完全由数据主导线索，以一种自上而下的方式来发掘数据。而传统的信息管理方法需要先设定研究方向。相比之下，大数据时代的高效性显露无遗，通过寻找数据中的内在价值，发掘其与相关技术的联系，根据相互关系建立模型。在这个过程中，人们不仅可以得到相应的理论知识，获得新的认识，还可以更新思想认识。相比之下，传统的信息管理模式无论是从经济理论还是社会经验来看都无法适应发展。大数据时代的出现，对于传统的研究方法是一种巨大打击，目前的信息处理工作已经做得很好。信息管理的过程应适应社会的发展需求逐步变得严格起来。随着大数据时代的发展，人们并不会仅满足于此，还将逐步提升其管理的要求。

二、大数据时代下企业档案信息管理工作存在的问题

企业的管理意识不强。档案信息管理是企业的重要组成部分，但受传统观念影响，档案管理只是可有可无的内容，很多管理者并没有将更多的工作重心放在档案的管理上。管理意识并不强，导致档案管理只停留在简单的总结上，导致许多企业档案管理者对于档案管理人员的招聘要求不高，企业档案管理效率自然也就无法提高。档案管理者只是简单地将信息整合起来，然后输入计算机中，认为信息管理只是一种档案网站的建设，没有对档案信息管理工作进行系统性的规划。相当多的企业虽然在表面上应政府的要求进行信息管理整合，但在

实际上并没有采取具体的改进措施，因此不利于企业档案管理工作的开展。

档案信息中的数据要求不高。与以往的档案信息管理模式相比，大数据时代下数据信息要求越来越严格。同时，数据采集技术的发展使人们所能获得的数据逐步从原先的宏观数据转移到中观层面中的数据上，有逐步向微观层面上转移的趋势。在这个过程中，个体数据所能获得的价值信息越来越高。随着大数据时代的到来，企业面临许多挑战，但机遇与挑战是相辅相成的，人们因此可以深入更深的层次领域探索和获取他们想要的数据。这些数据在之前是人们想都不能想到的，因为这些数据不只是片面的数据，更多的是完整和具体的数据，改变了之前不能获得具体数据的境况，而这些获得的数据对于个体的发展有更大好处，与个体的感知相符。这在宏观数据时代是遥不可及的事情，但也能看出档案管理中数据的重要性。

档案信息管理工作者的素质不高。要使档案信息管理的工作得到进一步发展，就需要有具备专业知识的人才进行管理，这也是档案信息管理工作顺利发展的基础。受经济环境和各种发展因素的制约，一些实力较差的企业对于人才的吸引力并不大，在这些企业中，档案管理者的素质不高，他们所能做的仅是将企业的档案进行简单归档整理，将纸质信息变为计算机上的数据信息。但在实际上，档案信息的管理不仅将信息进行数据上的转化保存，更多的是在此基础上对信息进行有针对性的筛选，将有用的信息留下，摒除无用的信息。在这种情况下，还需要有更专业的信息管理工作者对企业的信息进行总结整理，以提高企业的工作效率。

企业档案管理的基础设施落后，没有专业的信息知识库。在大数据时代，档案的信息化管理水平和管理模式上得到一定发展。档案数据的存取更加方便，信息管理的效率得到有效提高。但档案信息化的管理不仅需要投入较多的人力与物力，其所收到的效果也不是立竿见影，需要有一段积累的时间。有些企业对此在基础设施上的投入并不多，导致很多信息化管理设备落后，所拥有的管理软件功能也较低，相应所得到的数据相当不完整。因此档案管理人员不仅要学会主动收集资料，还要注意资料的整理和汇总，通过建立专门的知识数据库，时刻对企业的档案活动进行总结，以实现企业的快速发展，充分调动信息管理工作者的工作积极性。

档案信息化的管理制度并不完善。为了保证企业档案信息化的规范化，制定相应的管理制度就显得越来越重要。目前，一些企业的档案管理工作依然延续以往的管理制度，而传统的管理制度本身就存在缺陷，导致管理体系并不完善。在档案的收集、整理以及保管等服务的制度上缺乏规范化和集成化的体系，制度明显有些分散，不利于企业形成档案信息管理的规范化和社会化的进程。

三、大数据时代企业推进企业信息化管理的方法

大数据对于人们的生活方式产生了严重影响，因此开启了重大的社会转型。随着大数据时代的到来，在企业的管理过程中，人们对于档案信息管理又有了新的认识，给相关的档案管理技术提出了更高的要求。作为一种历史载体，说到底，档案其实是一种数据象征。档案的信息化管理是一种利用现代技术对信息进行收集管理并统计的一整套过程，做到提升档案的前端控制，适时地提高档案信息的管理水平，这是大数据时代下必然的发展趋势。

转变传统观念，增强企业档案管理意识。档案是一种宝贵的稀缺资源，要提升档案的价

值以及相应的服务质量，档案管理就显得十分重要。大数据时代，企业必须转变传统的档案管理观念，正确认识档案管理工作的意义，把档案作为一种宝贵财富和最宝贵的资产，然后将其提升到一定高度。同时，我们必须树立"大数据、大文件、大服务"的新理念，利用现代技术加快档案数字化处理以及服务平台的建设，有效振兴现有档案资产，对档案所存在的资源进行深度发掘，放大档案使用功能，加快档案管理信息化和现代化的转型。

发掘档案管理所存在的内在意义。随着大数据时代的到来，企业所产生的数据越来越多，对于企业的档案信息管理不能再像之前一样只是对数据进行整理，而是要对档案的实质内容进行发掘，提取里面有价值的信息内容。尤其在信息化时代，企业更应该提升对资源的利用程度，将信息的价值资源最大化。从另一方面来看，档案管理工作其实也是对知识的一种管理，所以企业要实现档案的信息化管理，必须提升企业的知识管理水平，进一步整合档案数据信息的价值资源。

提升企业管理人员的管理素质。档案管理工作的高效性与档案管理人员的素质有着不可分割的关系。档案管理人员要更新观念，时刻学习新型的知识技术，适应企业发展要求。相关的企业工作者需要培养具有创新意识的管理人才，探索新的管理工作方式，了解档案管理的规律，不断丰富自身的知识，只有做好创新，才能跟得上时代脚步。可以说，创新是企业之间竞争的重要因素，因此管理者应努力提高自身素质，注重培养自己的创新能力，积累工作经验，成为档案管理的核心团队。

优化档案信息知识库。随着大数据时代的到来，对于档案信息管理的要求也越来越高。档案以数据的形式存储在计算机中，便于查找，存储更加方便。相关人员在对企业的档案进行管理的过程中要注意计算机的安全性，及时维护、数据备份，加强计算机系统的维护，通过计算机的便捷性对数据进行分类和整理，让档案信息发挥更大的作用。

完善档案信息管理的相关制度。提升企业档案信息管理水平，首先就需要对管理制度进行完善。相关企业在建立档案信息管理系统时应根据实际情况，结合我国《档案法》《电子档案管理规范》等相关法律法规，借鉴其他先进经验和实践经验，不仅要建立和完善电子归档存储系统、数据档案管理维护系统，更应该把重点放在加强档案信息系统安全上，保障数据的完整性，提高档案的社会服务能力。此外，进一步完善数字档案工作的检查、考核和评价制度，增加相应的激励机制，调动档案信息管理人员工作的积极性，全面提高档案工作质量，有利于提升企业档案信息管理的效率。

大数据时代，相关管理者应该转变观念提升档案的管理意识，吸引更多的专业人才加入到档案管理的工作中来，不断完善档案管理的相关制度，将档案信息管理工作提升到一个新的高度。

第四节　知识管理与档案信息管理

　　本节从知识管理的角度探讨档案信息资源建设的若干理论与实践问题。论述了知识管理与档案信息管理的关系，研究二者融合的必要性与可行性。

　　信息是现代信息社会建设与发展的一种重要资源和资产。对于政府部门来说，信息是一种可以为社会公众服务的公益性信息资源；对于公司企业来说，信息是可以为其业务持续发展提供支持和保障的重要资产。21世纪的人类社会正在全面朝着知识时代迈进，知识作为一种具有无限挖掘潜在价值的宝贵资源，对于各行各业的发展都起着决定性的作用。而档案是一种蕴含着大量知识的文献，这已经成为包括档案界在内的整个文献界比较普遍的共识，并且得到了社会的广泛认同。处于知识经济和知识管理的浪潮中，档案工作者必须对知识管理理论有清晰、明确的认识，将这种全新的管理理念与管理方法融入自己的工作领域，在知识经济时代提升自身工作的价值，为社会的发展发挥更大作用。本节从知识管理的角度探讨档案信息资源建设的若干理论与实践问题。

一、知识管理与档案信息资源建设的融合

（一）知识管理是适应经济发展的必然选择

　　"知识管理"是运用信息技术，通过对知识的取得、整合、转换、分享、应用与创新等一系列活动，使知识不断产生、累积与升华，以便更有系统、更有效地运用知识去创新管理。在知识经济时代，知识因素参与经济活动的程度越来越高，在以提高竞争力为目的的经济活动中，知识取向愈加明显。在此条件下，建立"知识型"企业和各类"知识型"组织是管理活动的客观需求，并逐步成为社会的共识。就档案信息管理而言，其发展只有融入知识经济中，才能充分发挥档案信息的潜在价值，实现全方位效益。知识经济的显著特征在于知识成为最重要的生产要素。因此，将档案信息价值上升到知识层次理应成为档案信息管理活动的首要目标。信息技术的发展和高科技手段的运用，使档案载体的多元性、内容的创新性以及管理手段的高效性更为突出，追求高效、优质的服务理念引发了档案信息管理的新思维，档案信息的自动化、网络化管理应运而生，这些环境和机制的转变都是档案信息管理适应知识经济发展所做出的调整与选择。

（二）档案信息资源建设应被赋予新的内涵

　　档案信息资源建设的真正含义是什么？它的实际工作内容又是什么？想回答这两个问题，首先需要对建设的对象——档案信息资源有个准确把握。档案信息资源是适应生产力的发展水平，通过人类的参与而获取的可利用的档案信息的集合。除了具有信息的共性外，又具有自身的特性，即本源性、积累性和内向性。"建设"一词具有创立、建立、增加之意。档案

信息资源建设含义可以表述为：档案部门对本区域、本领域、本单位的档案信息资源进行合理配置、分析研究，最终建立档案信息资源库的一系列活动的总称，属于档案管理工作的范畴。我国的档案管理工作，在过去很长一个时期，人们都认为有6个环节：收集、整理、鉴定、保管、统计和提供利用，后来，逐渐把编目与检索、编辑与研究也列入档案管理工作的基本内容，从6个环节增加到8个环节。随着信息时代的发展，档案管理的传统理论迎来了变革和创新，档案信息资源建设的工作内容也随之丰富起来。笔者认为档案信息资源建设应该包括收集、整理、鉴定、保管、统计、编目与检索、编辑与研究7个环节，与提供利用共同构成档案管理工作整体。档案信息资源建设按照档案信息的加工处理程度划分为两个阶段：实体收藏（收集、整理、鉴定、保管、统计）和档案信息资源开发（编目与检索、编辑与研究）。实体收藏是档案信息资源开发的基础，其成果是收集齐全、整理有序的档案实体。档案信息资源开发是围绕社会需要，通过利用专业方法和现代技术，从收藏实体中发掘有用的信息材料进行编辑和研究，强调档案信息的加工处理，是档案信息资源建设的高级阶段，其成果是配置合理、高度整合的档案信息资源库。

（三）在知识管理下的档案信息资源建设是时代发展的要求

当前，档案信息资源的作用日益凸现，档案管理工作的内容不断升华。有人认为："档案馆作为档案集中保管与利用基地，具有应用档案信息资源为现实服务、替未来着想的独特作用"，并指出："要把档案馆建成思想库，更好地发挥档案资政襄政作用。"有人明确指出："在知识经济时代的档案管理将成为知识管理，档案服务成为知识服务，档案机构的核心功能将是档案服务与开发能力。"这些论述体现了档案界对档案信息资源进行了重新定位，对利用知识管埋的埋念和方法把档案信息资源建设成为知识型、思想型资源已有了明确的认识。档案信息虽不等同于知识，但档案信息包含着知识。档案信息资源作为知识经济时代重要的战略资源，其重要性很大程度上体现在档案信息能够转化为知识，能够服务于生产力的发展和社会的进步。因此，档案信息资源建设与知识管理有着密不可分的联系，基于知识管理的档案信息资源建设是新时期档案馆履行其文化使命的必然选择。档案工作者必须对知识管理理论有清晰的认识，将这种全新的管理理念与管理方法融入自己的领域，在知识经济时代提升自身工作的价值，为社会的发展发挥更大的作用。

二、知识管理视角下档案信息资源建设的策略

知识管理不仅是一项专业管理活动、一系列管理技术方法，而且属于价值观念、管理方式、管理理念范畴，还包括了组织更高层面的管理体系和方法论。利用知识管理的理念和方法开展档案信息资源建设，是档案适应时代要求的理性选择。

（一）发挥专业优势，优化档案信息资源结构

收集本区域、本领域、本单位的档案是档案部门的职能使命。档案工作者在长期的工作实践中积累了这方面的经验，具备档案信息资源收集、鉴定和整理的专业优势。如今，档案

不仅是组织内本源性的"历史记录"，而且是重要的战略资源，除了发挥档案的凭证价值外，更要注重档案参考价值的开发。笔者认为，在实体收藏阶段，特别是档案收集、鉴定过程中就当注入知识管理的理念，不仅要收集正式文件，而且要加强相关文件和外部信息的收集，这样建立的档案信息资源体系才有利于档案信息连续性管理和隐性知识的挖掘。另外，收集归档要坚持数量与质量并重的原则。档案工作者应充分认识到：利用需求的不断增长与馆藏数量有限、结构单一之间的矛盾日益突出，对丰富馆藏、优化结构已达成广泛共识。然而，实际工作中不能将其等同于盲目地扩大收集归档范围，造成进馆数据急剧膨胀、档案信息组织无从下手的尴尬局面。因此，归档范围的扩大是有限的扩大，是以挖掘隐性知识为目的的扩大，确定归档范围和鉴别进馆是一个知识评价的理性过程，是优化档案信息资源结构的关键所在。

（二）更新管理理念，注重隐性信息的挖掘

目前，档案部门还存在注重档案保管与实体控制而轻视档案资源开发利用、注重显性信息的获取而轻视隐性信息挖掘的现象，在实际管理中具有严格制度化、程序化、规范化的特点。正如有些学者指出："由于档案实体排放具有单向线性存放特点，建立在这种基础结构上的档案信息资源开发，无论是在用户需求的适应性，还是档案信息内容的利用上都受到一些限制，客观上制约了档案信息资源的深层次开发与利用"。因此，档案的保管不能拘泥于历史记录的保管，而应组织其内容信息并融入价值创造过程中为现实服务，充分发挥档案的情报价值。充分运用知识管理理念，如此才能有利于档案信息的组织。

（三）摒弃保守观念，促进知识的流转与互动

档案信息资源建设要以社会需求为驱动力，以服务利用、实现档案信息价值为最终目的。因此，档案信息资源建设不是一个孤立的、封闭的过程，而是与服务利用紧密联系、相互促进的过程。档案信息资源建设是服务利用工作的基础，其建设水平的高低决定着服务利用的效果；而服务利用的需求和效果又反馈于档案信息资源建设，指导着建设的方向和步骤。在档案信息资源建设过程中，应该摒弃传统的保守观念，在兼顾保密性要求和所有权限制的基础上，最大限度地提高档案信息资源共享水平，疏通利用需求的反馈渠道。

（四）加强环境建设，提高档案工作者的创造性

知识经济时代背景下的档案信息资源建设，需要具备一些必要的物质条件和组织氛围。只有组织成员都能站在共享知识、创造知识的高度，才能使处于分散状态的档案信息集中管理，处于隐性状态的信息物化归档，处于静止的档案信息流转互动为组织发展所必备的战略资源。档案信息资源是组织成员的共同财富。知识管理的理论为档案信息资源建设提供了许多有益的启示，但在实践环节还有待进一步摸索和总结，其过程任重而道远。

第五节　数据挖掘技术与档案信息管理

　　档案信息管理过程中，信息技术的应用愈发深入与广泛，对于档案信息管理的效率与质量的提升起到了非常重要的作用。本节首先就计算机数据挖掘技术的具体类型加以阐述，继而探讨计算机数据挖掘技术在档案信息管理工作中的具体应用。

　　数据挖掘技术是一种以数据收集、处理与分析技术为基础的处理技术，能够在数据量日益庞大的数据库中选取到满足人们需要的数据。在数据库管理中，数据挖掘技术可以对数据信息进行有条理的归纳与整理，并在此基础上进行数据分析与处理，为后期的决策与管理工作提供数据支撑。

一、数据挖掘技术的分类

　　数据挖掘技术的相关规则。计算机数据挖掘技术运用的过程中所使用的简单关联分析原则就是相关规则，能够对程序中的数据加以更加精准地描述，同时也可以对相关数据信息进行更加有针对性地研究与分析。总的来说，数据挖掘技术的相关规则可以根据事物的具体描述，结合与之有相同属性的其他事物，利用总结归纳法则明确其模式与属性。出于处理数据库的需要，相关规则的使用需要以数据记录的方式，避免数据对于空间的占用，进而完善数据管理系统。

　　数据挖掘技术的粗糙集。粗糙集是数据挖掘技术的主要类型之一，是一种知识不确定、研究不准确的数学工具，存在很强的不确定性，但正是由于这种特点，数据挖掘技术能够着重凸显其应用的优势。第一，数据挖掘技术的粗糙集可以在不需要全部掌握信息的情况下得以运行，在实际的预算过程中，粗糙集的使用算法不需要过于复杂与困难，因而广受计算机数据挖掘技术使用者的青睐；第二，在技术研究过程中，需要应用较为大型的数据库，因而使用粗糙集进行数据收集的时候可以有效减少时间成本的投入，并以表格或图表的形式，对数据信息资源进行收集与归纳，以便于用户的检索与收集。另外，粗糙集十分适应虚拟网络空间不确定性的环境，可以更好地对网络空间的不确定性知识进行有效收集与整理。

二、档案信息管理中数据挖掘技术的应用

　　档案分类法的应用。在档案信息管理工作中，运用计算机的数据挖掘技术，可以应用档案分类法，主要是将大量档案按照某种分类规律，对档案进行分门别类的整理，将属性相同的档案归于一类，将属性不同的档案分别归类。在分类过程中，运用数据挖掘技术可以实现对档案更加细致地划分，进一步提高档案管理的质量与效率，通过有效分类为档案管理提供便利。

　　档案收集法的应用。在运用数据挖掘技术进行档案管理的过程中，可以利用档案收集法，首先对档案数据进行有效统计与分析，根据已知数据的具体描述构建概念模型，将概念模型

与测试样本相对比。如果某概念模型在测试之后受到认可，则以该模型为基础，对档案管理对象划分类别。例如，在进行潜在客户的市场调研时，工作人员以调查问卷的形式收集调研对象的年龄、职业、分布区域、爱好需求等具体属性，将每一次收集的客户档案录入到数据库当中，运用计算机技术根据客户的属性信息进行自动分类，大大减少了实现成本的投入，进一步提高了工作效率与工作质量。

又如，某学校图书馆通过对借阅同学信息登记的形式收集客户资料，该图书馆对 1000 名借阅学生的借阅类型与喜好进行了收集，主要包括历史类书籍、经济类书籍、科技类书籍、时事政治类书籍等，其中经济类书籍的借阅学生最多，占据了 37.8% 的比重，在经济类书籍借阅学生中，文科生占据 52.7%，理科生占据 47.3%；借阅时事政治类书籍的学生占据 26.8% 的比重，其中文科生占据 59.3%，理科生占据 40.7%。另外，历史类与科技类的借阅量分别在 13.8% 与 21.6%，历史类书籍文科生占据 63.8%，科技类书籍理科生占据 61.3%。利用计算机数据挖掘技术可以对数据进行收集与归类，并利用数据手段分析数据信息，可以得知该校学生中，文科生相较而言更加倾向于阅读历史与时事政治类的书籍，理科生倾向于阅读科技类书籍，而文科生与理科生都较为喜欢经济类书籍。

档案保留法的应用。档案保留是一种留置老客户，避免客户流失而带来档案流失的方式，对于企业而言，相较于开发新客户，保留老客户一直都是一种投入较小的客户手段。在保留客户的过程中，通过档案管理方法发掘客户档案流失的主要原因，利用数据挖掘技术判断现象成因，以便于采取有效处理措施加以规避，做到保留老客户的同时，避免老客户档案的流失。为了确保档案管理有效性而主动采取的档案整理工作，是不被纳入到信息利用人员服务当中的，不同的信息利用人员会有不同的档案管理需求，对于信息与数据的利用程度也各有不同。基于这一特点采取的数据挖掘技术可以向档案管理部门提供有针对性的专业化服务，针对档案管理的不同需求对其数据进行属性分类，更加有利于信息利用人员快速检索档案信息，更加便于档案信息的调取与使用。

另外，运用计算机数据挖掘技术，还可以在档案管理过程中，从繁复而庞杂的不完整数据信息与模糊数据中，寻找到更加有潜力的信息与数据，在档案信息管理工作中，通过信息数据加以呈现，为档案管理系统的管理措施提供数据支撑与参考，避免档案信息数据的流式而产生的损失与不利影响。因此在应用计算机挖掘技术的过程中，可以对档案信息管理工作中产生的人量数据进行管理与维护，以确保档案管理信息数据能够得到允分应用，并及时确定档案信息管理系统中是否存在漏洞，及时加以处理，以避免有可能产生的信息安全问题。

在档案信息管理工作中，数据挖掘技术的应用可以提高档案管理的效率与水平，减少工作人力资源与时间资源的投入，确保档案信息管理的安全性，避免由于档案信息泄露造成的经济损失，能够有效保护档案信息的价值与质量。

第五章　档案管理智能化应用研究

第一节　电子档案管理的智能化

电子商务档案是电子商务活动过程中各经济主体直接形成的具有保存价值的各种形式的原始记录。电子商务档案与其他类型的纸质档案相比具有明显的复杂性、集成性、虚拟性等数字化特征。随着电子商务时代的到来，智能化的电子商务档案管理是电子商务档案管理的必然趋势。

一、电子商务档案应用的智能化趋势

电子商务档案是企业管理的重要组成部分，是企业从事商务活动中最原始、最可靠的数字化信息。充分利用电子商务档案信息，为企业发展提供商情预测、营销策划、客户关系管理、维护企业或经营者合法权益已经成为电子商务档案应用的一个重要领域。而电子商务档案应用的智能化趋势无疑已经成为电子商务行业的重要研究方向。

（一）客户关系管理的智能化

客户档案毫无疑问将是电子商务档案的一个不可忽视的组成部分。在企业从事电子商务的过程中，电子商务系统将提供一种商家与客户进行交流的新方式，这就要求企业管理者以全新的思维来看待客户关系管理。客户关系管理源于"以客户为中心"的新型商业模式，是企业树立以客户为中心的发展战略的核心部分。企业通过智能化的客户关系管理系统来加强对客户的服务提高客户满意度和忠诚度，提高企业效率和利润水平。通过客户关系管理系统企业加强与客户的联系、分析客户的需求、研究产品的市场、拓展潜在的利润空间、提高产品的市场竞争能力、改进企业的管理漏洞、吸引更多的优质客户进而达到优化、提升企业管理能力、提高企业利润水平的目的。而这一切的实现都依赖于智能化的客户关系管理系统、智能化的客户数据库的开发与应用，智能化的数据库技术是所有其他技术的基础。

（二）智能化的商情预测

面对浩如烟海的客户及企业营销、销售和服务信息，如果没有一个具有高度商业智能的数据分析和处理系统是不可想象的。智能化的商情预测系统利用数据挖掘的思想、数据仓库的管理技巧、一对一的营销策略、个性化的售后服务、智能化的数据分析和数据处理工具不

断满足客户的需求，提高企业的赢利能力、拓展企业的赢利空间。同时，智能化的数据分析和数据处理系统将不仅实现现有的商业实践和商业需求，更将不断地实现向市场、客户的学习过程，所以这不仅仅只是重塑企业商业流程，而是能够为管理者提供智能化的决策分析工具。

（三）智能化的营销策划

借助于智能化的营销策划管理系统，企业将能够更加全面地分析产品及市场信息，制定高效的营销计划，设计切实可行的销售及服务指标，协调产品、服务、物流等渠道的配合关系，从而实现企业管理的最优目标。

总之，随着电子商务的发展，智能化电子商务将逐渐走入人们的日常生活。电子商务智能化是指利用数据仓库、数据挖掘技术对客户数据进行系统地储存和管理，并通过各种数据统计分析工具对客户数据进行分析，提供各种分析报告，如客户价值评价、客户满意度评价、服务质量评价、营销效果评价、未来市场需求等，为企业的各种经营活动提供决策信息[①]。或者说电子商务智能化是企业利用现代信息技术收集、管理和分析结构化和非结构化的商务数据和信息，创造和累计商务知识和见解，改善商务决策水平，采取有效的商务行动，完善各种商务流程，提升各方面商务绩效，增强综合竞争力的智慧和能力。电子商务档案管理的智能化将是电子商务智能化的一个创举。

二、电子商务档案信息检索的智能化需求

电子商务档案信息智能化检索是历史发展的必然结果。电子商务档案信息是众多档案信息的一种，是伴随着电子商务的发展而产生的。从人类社会利用档案信息的历史发展过程来看，档案信息检索大致经历了自然检索、手工检索、计算机辅助检索、计算机智能检索四个发展阶段，电子商务档案信息的检索也不例外。随着计算机智能技术的发展，尤其是图情信息智能检索的最新成果，为电子商务档案信息检索的智能化发展注入了新的活力。电子商务档案信息存储形式多种多样，既有一般固定长度的信息，也有非固定长度的信息，既有用文字、数字表达的信息，也有用图形、图像、声音表达的信息、既有加密信息，也有不加密的信息，既有存储于本地存储设备上的信息，也有存储于异地设备甚至"存储云"上的信息。对电子商务档案信息的智能检索意义重大。所谓"智能检索"，就是以文献和检索词的相关度为基础，综合考查文献的重要性等指标，对检索结果进行排序，以提供更高的检索效率。智能检索的结果排序同时考虑相关性和重要性，相关性采用各字段加权混合索引，相关性分析更准确，重要性指通过对文献来源权威性分析和引用关系分析等实现对文献质量的评价，这样的结果排序更加准确，更能将与用户愿望最相关的文献排到最前面，提高检索效率。由此可见，在电子商务飞速发展的今天，电子商务活动的全球化特征越来越显著，频繁的商务活动遍布世界的每一个角落，由此产生的电子商务档案信息越来越具有商务活动全球性、信息管理系统分布性、交易语言复杂性、交易方式多样性等特点。传统档案信息检索工具已经不能满足用户的需求，智能检索工具的开发和使用必然成为信息时代用户畅游信息海洋的必然选择。同

---

① 史灵芝. 档案信息化建设与档案管理研究 [J]. 中国管理信息化，2016，19（14）：187-187.

时，科技的进步，人工智能技术的发展，超大型计算机的使用也为电子商务档案信息检索智能化发展提供了技术支撑。未来电子商务档案智能化的发展将借助于人工智能技术的最新成果而更加人性化。将人工智能领域中的计算推理等思维活动渗透到档案管理的智能化应用中，利用人工智能的研究成果开展基于模式识别、物景分析的图形图像检索系统，满足用户对图形图像档案信息的检索需求，利用人工智能关于联想记忆模拟、自动定理证明、专家系统、自然语言处理等基础理论开展电子商务的自动谈判系统、跨越语言障碍的档案信息搜索工具，满足电子商务国际化的需求。例如：模式识别可用于基于图像的检索，而电子商务活动的基础就是建立在对图形、图像的选择上，交易双方首先是根据对被交易商品的图形、图像进行商务洽谈，然后达成交易意向。对被交易商品的图形、图像的保存是电子商务档案信息的一个重要组成部分。再如，专家系统是智能检索实现的基础，而从海量商务信息中筛选出能够进行交易的产品信息离不开人工智能检索系统的应用。

从电子商务档案的特征来看，有关电子商务档案智能化管理的需求更加依赖于图形图像智能检索工具的研究和利用，而对于图形图像智能检索工具的研究和利用始于20世纪七十年代。首先开展的是基于内容的图像智能检索的研究，重点在于采用标注的方法对图像设置检索关键字，并建立文本数据库管理系统，从而实现对图像的智能检索。这种方法的缺点在于当图像数据库中图像数据较大时则检索较难实现，当图像内容复杂时，标注起来较困难，此外这种检索方法同时还要求图像内容比较单一。而另一种基于内容的图像检索技术逐渐受到业界的关注即基于视觉特征的图像检索技术。由于任何图像都包含物体本身的纹理、形状、颜色、空间关系等特征，基于视觉特征的图像检索技术采用提取图像所包含的纹理、形状、色彩、对象的空间关系等信息建立图像的特征矢量库，并以此特征矢量作为索引关键字。与以往采用人工标注方式对图像内容进行标注的方法不同的是视觉特征的提取是从图像中自动提取的，并且检索的过程采取视觉特征间的匹配。与传统的检索方法相比，基于内容的图像检索融合了图像理解技术，从图像的纹理、形状、色彩、对象的空间关系等维度分析图像的特征，从而可以提供更加有效的检索途径。已经投入运行的基于内容的图像检索系统包括：IBM公司的QBIC系统、Virage公司的VIR工程系统、MIT的Photobook系统、美国伊利诺斯大学的MARS系统等等。国内近年来对于基于图像颜色的检索系统的研究也取得了丰硕成果，例如：Photo Navigator系统和PhotoEngineer系统，而这一发展方向更加符合电子商务的智能化发展需求。可以预计，为适应未来网络化、智能化以及个性化的需要，并行检索、分布式检索、知识的智能检索、知识挖掘、异构信息整合检索和全息检索、自然语言检索、跨语言信息检索、问答系统、概念空间、信息融合技术等检索技术都将在电子商务档案管理领域得以应用。届时用户将获得完整、准确、及时、有效的而且是简洁、明了的商务信息。

三、电子商务档案管理的智能化趋势研究

基于电子商务的发展，档案智能化发展范围也随之扩大。因档案的信息量诸多，所以管理工作人员实际工作量也不断提高，一定程度上推动了档案管理的智能化发展。为更好地适

应时代发展确实，能够为社会发展提供了更为可观的经济效益。其中，电子商务档案智能化管理的发展趋势可以表现在以下几点：

（一）信息处理的智能化

近年来，电子商务发展速度不断加快，在实际交流的过程中，所形成的信息数量也随之增加。而信息本身具有明显的复杂性特征，若采用传统管理方式，那么管理工作人员的手动处理工作量会很大，也增加了工作的难度，使其无法及时找出所需的资料信息，影响了工作效率的提升。如果是对智能化管理方式进行运用，则能够自动化地分类处理不同种类的信息，匹配相对应的文件，全面改进了信息处理效果，同时还能够降低管理工作人员的工作量，实现了工作效率的全面提升。由此可见，对于档案信息进行快速处理的智能化管理方式应用具有一定的现实意义。

（二）信息存储的智能化

现阶段，绝大部分电子商务档案都被存储于计算机硬盘之上，抑或是保存在移动磁盘当中，若要对档案信息进行访问，一定要由电子设备作为辅助才能够深入了解档案信息内容。但是，这种方式对于信息即时阅读十分不利，受诸多条件影响，无法随时提取档案信息的内容。若能够实现档案信息的智能化存储，那么就可以突破时空的限制提取档案信息，实现了即时访问的目标。与此同时，还不会受到硬件条件的约束和影响，对文件内容进行即时提取。通过即时阅读的方式，还能够确保电子商务档案更加安全，有机结合档案信息存储和管理，达到最理想的状态。这对电子商务档案管理工作而言，智能化存储方式能够使企业获取更为可观的经济效益，同样可以实现工作效率的全面提升。

（三）档案应用的智能化

在科学技术水平快速发展的背景下，电子商务档案在电子商务发展过程中的价值也逐渐突显出来，电子商务对于数据信息记录也成为电子商务发展的必要条件。实现电子商务档案应用的智能化，能够使得企业间的关系得以简化，同时能够按照所记录的信息内容评估企业未来发展，进一步推动企业策划的贯彻与落实，进而为企业发展提供有价值的参考信息。在这种情况下，电子商务档案智能化的合理运用能够为企业发展提供重要力量，并且能够做到整合企业的档案信息，进而为其战略次策奠定坚实基础。

综上所述，在电子科技时代环境中，电子商务取得了理想的发展成绩。而传统纸质档案很难与社会档案管理工作需求相适应，所以电子档案的出现并运用为电子商务发展提供了有力的保障。在档案信息量不断增加的背景下，信息保存难度与复杂程度都有所增加，所以智能化电子商务档案管理模式被应用于电子商务当中，而智能化管理也将成为电子商务档案管理工作的必然发展趋势。通过上述对电子商务档案管理特点的分析，阐述了其智能化管理的发展趋势，以供参考。

第二节 人事档案数字智能化

人事档案作为记述和反映个人经历和德才表现的文件材料，是个人参与社会活动的完整记录和对个人自然情况的真实反映。人事档案管理是各个组织、企事业单位不可或缺的管理工具，也是人力资源和社会管理体系的关键组成部分，对员工而言，它为其离退休、养老手续办理等工作提供证明；对组织单位而言，它为干部选拔、技术评级、职务晋升等人事考察聘用提供参考依据。由此可见人事档案在人们的工作生活中扮演着重要角色。

我国人事档案管理工作历史悠久，对社会经济发展和人事制度改革一直有着积极的推动作用。但是，随着科学技术的飞速发展，人才流动日益频繁，传统的人事档案管理制度和办法面临着资料库庞大但不易保存、利用率频繁但检索困难等棘手问题。针对当下的人事工作形势需求，人事档案管理亟须顺应现代化发展，贯彻落实科学发展观，加快数字智能化建设进程，充分利用现代计算机和互联网技术，以切实提高档案管理与档案利用效率。

一、人事档案管理工作数字智能化的必要性

（一）数字智能化建设将有效保障人事档案的可信度

一是传统人事档案主要以纸质为载体，对保管场所和条件要求较高，在保管工作中不可避免地存在纸张老化、字迹褪色、受潮虫害等问题，随着时间的推移，一方面档案数量持续增加，另一方面档案面临不断损毁的困境，使得档案内容信息量不足，更新难度大，不能为利用者提供全面、直观的信息。通过将纸质档案实体转换为数字化、网络化的载体，不仅具有存储量大、占有空间率小、管理费用低的优势，同时将极大地延长档案保持时间、确保档案信息完整性和更新及时性。二是传统档案管理办法不严格、管理体制不透明、管理制度不规范，在归档、保存过程中，档案来源广、数量多，容易受到管理员个人素质和管理部门责权不明的影响，造成审核随意、材料不齐、前后不一、甚至伪造篡改的情况层出不穷。一旦实现数字智能化的人事档案管理，可通过电子管理权限分级、软件程序标准化审核等手段，从而规避人为因素造成的信息权威性、客观性降低的风险。

（二）数字智能化建设将切实提高档案管理工作效率

办事者排长队、文件资料垒成堆，是人事档案相关部门工作时的常见现象。人事档案在实际使用中大多由相关人员手工查阅目录、逐一登记、借阅复印等，在海量的档案库中定位某一份档案，再完成登记、更新、归档等操作，程序烦琐、工作量大、检索困难。尤其在档案外借时，大多通过人员携带、邮寄递送的实体方式实现。而且在寄送的过程中，不仅难以保护原始档案的机密性和完整性，而且耗时较长、人力成本高，不利于迅速开展下一步工作程序。在数字智能化的人事档案管理中，与时俱进地引入了云存储、网络加密传输等技术，

档案的查询、修改、更新、传递等操作，都可在计算机及互联网上进行，加快了档案信息的更新和检索速度，确保了信息资源的时效性与机密性，有利于提高人事档案管理水平和工作效率。

（三）数字智能化建设将扩大人事档案利用范围和服务对象

随着市场经济的发展，人才流动日趋平常化，社会服务日趋多元化，除了在传统的人事聘用、离退休养老待遇方面发挥作用以外，在出国、医疗保险、婚育证明等社会公共功能中需要使用到人事档案的情况越来越多，跨单位、跨地区对人事档案的查阅、外借和移交等情况更是屡见不鲜。传统人事档案管理功能较弱，不利于信息统计与流转，已无法满足当下的形势需求。数字智能化的人事档案管理将更好地实现人事档案在社会公共管理体系的共享性和流转性，为更多的个人和机构提供人事档案服务。

（四）数字智能化建设将实现档案信息系统化、立体化

数字化档案库充分利用多媒体技术，实现了档案信息以图形、文档、声音、影像等多种形式存储，增强了人事档案的记录功能和显示功能。同时，还可利用数据仓库与数据挖掘等技术，对人员的年龄结构、专业结构等各方面进行统计分析，加强了档案信息的关联性，充分发挥人才需求预测、人才关系管理等作用，并能提供系统化、立体化的数据帮助企事业单位做出人事管理决策。

二、人事档案管理数字智能化进程的现状和存在问题

人事档案管理数字智能化主要包括 2 个部分：档案实体数字化和信息管理智能化。档案实体数字化是人事档案管理数字智能化进程的基础工作，主要是指把传统的纸质载体的档案资源转化为数字化的档案信息，将电子智能设备作为存储空间，以局域网、互联网等网络形式互相连接，利用计算机系统进行管理，形成结构有序的档案信息库。信息管理智能化主要是指人事档案信息的归档、核查、检索、统计、查阅、传输等功能，通过智能化软件，可在计算机和互联网上操作，从而实现档案资源的智能化管理和共享。

自 20 世纪 90 年代以来，计算机技术与现代通信技术的结合，使我国的人事档案工作正朝着数字化、网络化的方向发展。国家档案局将"加快现在档案数字化进程"列入了《全国档案事业发展"十五"计划》，但是由于我国人事档案管理工作推进数字智能化的时间较短、缺乏经验，目前在大部分组织、企事业单位中还存在以下问题影响了人事档案管理的数字智能化进程。

（一）人事档案管理工作人才队伍的综合水平有待提高

一是人事档案管理工作的决策者仍然保持传统的管理理念，对档案管理数字智能化的理解不够透彻深入，还停留在概念层面，没有意识到数字化进程的紧迫性和必要性，不了解具体推进工作所需要的步骤、设备、流程及软硬件环境，导致贯彻落实数字智能化工作效果大

打折扣①。

二是人事档案管理工作的实际操作者还停留在传统保管型人员结构，缺乏现代化档案专业人才。数字化人事档案管理工作是结合了数字化技术和人事档案管理知识的新型工作，需要具有相关信息技术专业知识和丰富人事档案工作经验及综合分析统计能力的复合人才与之相适应。目前，企事业单位的大部分人事档案工作者都缺乏系统、专业的培训与学习，缺乏全面的知识结构和敏锐的信息意识，服务意识和综合素质不强，因此这成为阻碍人事档案数字智能化进程的一大障碍。

三是人事档案的服务对象和用户群体有所变化。由于人事档案信息的查阅、传输等功能绝大部分依赖于网络实现，所以使服务模式发生了全新的变化，极大地拓宽了人事档案利用范围。人事档案所面对的服务对象也不再是单一、传统的用户群体和对口单位，服务对象和用户管理要求较高，同时需要用户也掌握相关技能。

（二）相关标准、制度和软硬件基础设施建设跟不上数字智能化的发展要求

纵观开展人事档案管理数字智能化建设的企事业单位，虽均为人事档案管理部门配备了一些计算机设备，但由于人事档案管理需求随着社会发展和技术更新而不断变化，往往存在部分设施、设备老旧、缺乏数字智能化必备设施的问题。比如：识别软件版本低、扫描仪老旧导致扫描不清晰及人事档案管理系统与企事业单位的 OA 系统无法对接等。此外，由于缺乏相应的规范指导，也产生了数字化的人事档案格式标准不一、系统不兼容、难以统一管理等问题。

（三）人事档案的实体数字化程度低、进度慢、质量差

数字化档案来源于电子文件的接收和将现有库存档案转化为数字格式。现有库存人事档案数字化的工作，主要通过计算机人工录入或采用扫描仪、数码相机等数码设备对纸质档案进行加工。一是由于人事档案管理历史悠久，大部分企业单位库存资料库庞大，但从事档案管理的工作人员十分有限，初期的转化工作量繁重，差错率大且复核困难。二是档案数字化目前缺乏相关的标准和规范，在扫描时容易出现扫描图像质量不佳、错扫漏扫、原件与扫描件无法对应、编号录入混乱、档案库软硬件设备达不到相应要求等现象，从而降低了档案实体数字化的质量。

（四）人事档案数字化的安全防范工作有所欠缺

一是电子人事档案易于复制和传递，在享受方便快捷的同时，非法访问、程序漏洞等问题都容易造成重要信息泄露、档案被伪造篡改。二是人事档案管理系统中人员权责不明，导致某些资料多人重复编辑或者机密资料被越权限调阅修改等差错发生。三是硬件设施和软件环境跟不上，大部分企事业单位的人事档案管理部门的计算机、软件系统、网络环境建设还

①　夏枫.新形势下事业单位档案管理创新与服务模式的改革研究 [J].企业改革与管理，2017，12（18）：1112-1113.

停留在基础阶段，对硬件损坏、系统崩溃、网络入侵等意外的安全防范措施不到位。

（五）人事档案信息管理智能化的功能薄弱单一、不够完善

目前，大部分企事业单位都建立了基于数据库的档案业务管理系统，实现了业务管理的网络化和计算机化，但受软硬件设施水平和网络环境的局限，通常仅实现了企事业单位内部的检索、查阅、编辑、传递等基本功能，存储形式也多为单一文本。对于人事档案的管理缺乏系统化模型，使得档案信息关联度低，不利于进行数据分析与挖掘，尤其跨单位、跨地区的人事档案接口不够完善，未能充分发挥智能化作用，因此离立体化系统化的管理还有一定距离。

三、人事档案管理数字智能化的新思路

（一）不断加强人事档案工作人才队伍的培养

人事档案数字智能化需要全新的技术和设备的支持，传统的管理理念难以推进数字智能化的进程。首先，人事档案管理的决策者需由传统的实体档案管理理念向数字智能化的管理理念转变，加强对数字智能化的认识，在制定策略方针时考虑对新知识、新技能的教育培训投入和对软硬件设施的投资，注重复合型人事档案管理人才的储备与培养。其次，必须对人事档案管理人员进行全方位、多形式的教育和培训，提高工作队伍的综合素质，加速管理人员业务知识更新和专业结构调整，使其除了人事档案管理的基础知识外，进一步掌握计算机信息处理的专业技术，打造高素质的人事档案管理工作队伍。最后，对人事档案的服务对象和用户群体也需进行常识普及，推广学习人事档案数字系统的功能和操作步骤，使得人事档案在实际提供服务时顺利有效地发挥作用。

（二）进一步完善人事档案管理相关标准制度和软硬件基础设施

实现真正的档案管理智能化，首先在体制方面，需制定完善的人事档案管理技术标准和规范，为人事档案数字化过程中的格式、质量、审核流程提供统一的指导标准，为数字信息标准化和规范化奠定良好的基础，提高管理智能化共享程度。同时明确人事档案管理数字化责权，制定和完善相关的规章制度，从政策和制度上规范数字智能化的建设、管理和利用。其次在硬件方面，配备先进的计算机、扫描仪等设备，使之适应系统中大量数据的快速处理、文字图片的扫描及声像资料的录入、网络系统的建设等功能需求，为人事档案管理数字智能化建设提供基本条件。最后在软件方面，需投入经费，开发具有良好开发性、服务性和共享性的人事档案管理系统，充分考虑到其所使用的数据库管理系统和各种信息采集设备、企业OA办公系统等的兼容性问题，逐步减少智能化技术在实际使用中各自为政的情况，提高软硬件系统的统一性和通用性。

（三）确保现有库存传统人事档案数字化工作的有序进行

由于传统人事档案通常存量多，需要进行数字化转换的文件资料数量庞大，对其数字化

的工作需分步、有序进行。第一步，对现有库存传统人事档案进行整理，由资深的人事档案管理人员按时间顺序对存量档案进行甄别，按轻重缓急，将损毁度高、利用率高、急需使用的档案分类挑出，优先进行数字化，制作并填写纸质档案数字化加工过程交接登记表单，避免错扫漏扫，然后做好目录数据准备，使档案数字化后可正确挂接。第二步，拆除装订人事档案原件，鉴定文件是否符合扫描要求，并对破损的档案进行页面修正与恢复。根据扫描档案的实际情况和国家档案局《数字化加工规范》，选择适宜的扫描方式、扫描色彩模式、扫描分辨率等，并做好登记工作。第三步，检查扫描后的图像数据质量，发现图像失真、模糊等不符合质量要求的情况应重新扫描，并对图像数据进行去除页面杂质、调整偏斜情况、相关信息拼接等处理，提高图像数据准确度。第四步，根据目录建库，对应存储，将数字化的人事档案汇总挂接，确保每一份人事档案档号在数据库中的一致性和唯一性，建立数据之间的关联关系。最后，对人事档案原件重新装订，保持排列不变，妥善保存，做到安全、准确、无遗漏。

合理运用扫描字符识别软件功能，将纸质文本类的人事档案转化成电子文本节件，实现真正意义上的全文数字化，为将来档案管理智能化的全文索引创造数据基础。但是，目前扫描仪字符识别软件功能的准确率参差不齐，因此采用先进的高速扫描仪和做好后期复核校对工作是不可缺少的。

对完成数字化的传统纸质人事档案进行装订，在成本允许的情况下，考虑采用频射识别（RFID）的电子标签技术进行原路归档，使日后实现数据化的电子人事档案可迅速、准确地定位到纸质人事档案原件的基本信息、位置和状态，从而实现对人事档案原件的数字智能化管理，为日后数据更新、恢复提供便利。

（四）做好人事档案管理安全防范管理

在人事档案的实体环境管理方面，电子档案室是存储数字化人事档案的主要场所，为了使智能化设备和计算机系统能在相对安全可靠的环境下长时间稳定运行，要做到：一是实时监控、安全门禁和报警系统要到位，对档案室的重要设备和存储媒体采取严格的防盗措施。二是做好防水、防火、防静电措施，保证计算机设备运行需要的温度、湿度、洁净度，避免因意外发生导致智能化设备和存储系统损坏、消磁引起数据失真、丢失甚至系统停止运行。

在人事档案管理的虚拟环境管理方面，一是定期备份保障数字化人事档案安全，确保系统发生故障后仍能对档案进行恢复。二是在人事档案数据化过程中和档案传输过程中，做好加密工作，防止非法用户获取人事档案机密信息。三是在人事档案智能化管理系统中，对用户进行权限分级和身份验证，并在相连的网络通信系统上设置网络防火墙，对未授权者进入系统获取人事档案做好访问控制。四是对人事档案智能管理系统定期查杀病毒和系统升级，防止来自外网对数据的入侵和破坏。

（五）建立人事档案智能化管理系统平台

据了解，在企业单位的人事档案管理数字智能化进程中，通常侧重于档案信息数字化和档案设备电子化，而对人事档案管理系统智能化建设不够。以企事业单位管理为核心，以共享数据、提高效率、完善功能为宗旨，建立起人事档案智能化管理系统平台，可以实现企事业单位全新的人事管理理念与计算机网络智能化的结合，提高人事管理效率。完整的人事档案智能化管理系统平台应包括人事档案数据系统、人事档案使用系统、企业内部办公系统中的人事档案对接模块和公共门户系统的人事档案对接模块，通过一整套智能化软件系统平台，使得人事档案数据实现立体化、系统化，方便档案查询、报表管理、公共使用等，推进企业各部门对人事档案使用的自动化、网络化、数字化，有效完成资源共享和协同办公，提高工作效率和管理透明度，实现真正意义的管理全面智能化。

第三节　智慧档案馆馆库智能化

一、智慧档案馆的概念

（一）智慧档案馆的定义

关于智慧档案馆概念，虽然目前学界还没有统一的定义，但是大多数学者普遍的观点是：档案的信息管理系统与相关建筑优化融合，实现设备设施的自动监控，对各类服务性档案信息资源进行整合与综合管理，将各职能系统和档案数据资源库有机地结合并提供给用户使用。

（二）智慧档案馆的相关研究

（1）关于智慧档案馆和智慧城市的关系研究。参考各类文献，目前国内大部分学者认为，智慧档案馆就是智慧城市的组成部分。但是也有少部分学者认为，智慧档案馆不完全是智慧城市的组成部分。

（2）关于智慧档案馆与实体档案馆的关系研究。目前，档案学者陶水龙、薛四新等在论文中均提出"智慧档案馆建设，要突破单个实体馆的物理边界"。其他一些档案学者，主要观念为：智慧档案馆可以是虚拟档案馆，需要依托实体档案馆建设，但是没有具体划分两者关系。笔者综合研究认为，智慧档案馆建设，主要是基于单个实体档案馆的馆库智能化管理，在未来发展中应该突破实体档案馆的边界，实现跨区域、跨行业，乃至全国性的档案资源共享和利用模式。但是不可否认的是，不管是初级还是高级阶段，档案馆的馆库智能化管理，都是一项基础性工作，贯穿于整个智慧档案馆的建设过程。

二、智慧档案馆构建中馆库智能化管理的必要条件

（一）馆藏纸质档案的数字化

我国目前档案馆都保存了大量的纸质载体，不仅种类丰富，而且主要以文字、图表等各类形式保管了大量的档案史料。这些纸质档案虽然蕴含了大量的档案信息，但是不适合计算机检索和智能管理，因此必须通过数字化扫描为数字资源，才能够便于检索、整合、在线传递和智能管理。可以说，纸质载体的数字化，是档案馆馆库智能化管理的一个必要条件，而且数字化程度决定了档案管理水平和服务水平。

（二）建立数据服务平台

智慧档案馆的馆库智能化管理，涉及档案馆的楼宇管理、库房管理、档案实体管理、档案信息利用等各种活动。对于这些管理信息，如果通过人工管理，不仅效率低下，而且会浪费大量的人力、物力、财力，因此在管理过程中，如果合理运用物联网技术，可以实现许多过程管理的自动化、智能化，不仅效率高，而且可以节省大量的人力资源。但是，这些管理需要一个数据服务平台，能够采集、整合、处理、存储各类重要信息，并依靠信息系统实现预测、监管、报警、应急处理等功能。

（三）充分利用互联网、物联网等技术，对档案实物载体进行智能管理

档案馆的楼宇管理、库房管理、档案实体管理、档案信息利用等，都需要对监管对象进行数据标识，确定其物理空间的具体属性和状态，这就需要通过电子标签、电子传感器等，对监管对象进行定位和设定属性，这些都要依靠互联网、物联网、电子设备、电子标签等设备和技术条件才能完成。

三、智慧档案馆建设中的馆库智能化管理的具体举措

（一）依托智慧城市的各类技术优势，不断推进馆库智能化管理水平

智慧档案馆的建设，首先是依托智慧城市的概念提出来的，许多构想和建设思路、技术保障等，都与智慧城市的建设和规划息息相关的。在智慧档案馆建设中，要得到政府政策的保障和技术支持，才能积极推进智慧档案馆的分期、分阶段的建设。同时，智慧档案馆的建设，需要大量的资金、技术、人力资源的投入，如果没有相关政策的保障，是根本无法推进的[①]。

目前正在开展的智慧城市建设，是政府电子政务的一个重要建设内容，各地政府都投入大量的财力和技术，确保智慧城市的数据中心、数据平台、人才保障等投入使用。智慧城市的建设水平，决定了一个城市信息化管理的水平，而且在具体建设中还会形成大量的基础数据库，这也是智慧档案馆发展的必需条件。智慧档案馆建设，必须紧紧依托智慧城市建设，充分利用各类技术优势和基础数据库，来推动智慧档案馆的发展。

① 王玲玲. 新形势下事业单位档案管理创新与服务模式的改革研究 [J]. 办公室业务，2017，23(12)：174–175.

典型案例一：青岛市档案馆利用智慧城市的数据平台和政府信息网络条件，将不同的档案馆、政府机构电子文档、政务中心等链接起来，它的建设依赖智慧城市建设，数据涵盖范围为青岛市，因此这个智慧档案馆完全是智慧青岛的组成部分。目前，青岛市档案馆在馆库智能化管理中，库房、办公、档案利用等，已经能够实现智能化管理，并且走在全国档案馆馆库智能管理的前列。

典型案例二：2015年开始建设的湖南省洞庭湖生态经济区专题数据库，就是按照湖南省内河流流域自然区域建立的区域性专题数据库。该数据库由省级综合档案馆建立专题数据库（档案数据中心），洞庭湖流域的市、县两级分别成立洞庭湖生态经济区档案数据分中心，各个基层档案馆将保管的有关洞庭湖流域的相关数据分期整合及时上传至上一级档案数据中心，最终形成一个省级的区域性专题数据库。在建设管理中，区域性专题数据库的数据涵盖范围，不再局限于单个档案实体馆，而是通过各级政府电子政务网络，将不同区域的档案数据库链接起来，成为全省电子政务管理的一个部分，并且依托了许多地级市的智慧城市建设条件和基础数据库，在推动过程中还促进了许多档案馆改进馆库信息化建设，许多馆库智能化管理得到湖南省档案馆的技术和资金支持，提高了馆库智能化管理水平。

（二）不断促进技术与人本主义的协同融合

智慧档案馆，是以新一代信息技术为手段来协同人的行为，其建设与实现中国手段与目的都离不开人的因素。现代信息技术只是实现智慧档案馆建设目标的技术手段，而它的服务对象——人，才是智慧档案馆建设最需要关注的对象。

智慧档案馆的服务主要是面向用户的信息服务，基于时代发展的各类技术条件，实现对档案馆库的智能化管理，提高档案管理的人工智能优势，不仅大大减轻了档案部门具体管理者的工作强度，同时也大大提高了档案管理和服务的效率。在智慧档案馆建设的不断提升阶段，更是要通过各类专题数据库建设和智能检索系统、档案数据的自动关联性等提升和强化，体现出为用户个人需求着想的人文理念，利用现代技术平台，实现档案数据的一体化集约管理、档案信息查询的单点服务、个人用户与档案信息的互动交流、基于用户特殊或者潜在需求的个性化推送及订制服务等不同的服务方式和具体渠道。

智慧档案馆建设中的馆库智能化管理，主要是档案实体馆的管理，并且涉及单个档案馆。在具体的馆库管理中，需要将档案实体管理、物联网、互联网、技术设备、场馆人员和业务管理等协调起来，实现"档案实体、技术、人员"的协同与融合管理，才能提高管理效率，实现馆库的智能化管理，在管理和利用中，将不同部门的档案数据库、不同的数据交换技术平台、不同系统的数据用户终端等一起参与智慧档案馆的构建，如果没有协同融合的原则，是无法将智慧档案馆建设积极推进的。

例如，目前许多档案馆在信息化服务中的精准推送服务便遵循以人为本的原则，侧重个性化、层次化服务，紧贴用户不同层次、不同方面的需求，使用户体验到不受时空限制的服务，亦称为精准推送服务。在建立数据中心和档案数据化的基础上，档案馆可以利用移动网络，由数据中心主动对一些特定用户精准推荐数据档案资源。

目前的智慧档案馆数据中心，可以通过移动终端精准推荐数据服务，要具备两个条件：①馆库的档案纸质载体数字化后，再选定特定的数据档案资源。例如，档案馆数据中心保存有关个人的任职、退休、奖励等相关数据，可以精准推荐给用户个人。②选定特殊用户的终端识别号（用户号），例如手机用户的微信号、手机号、手机邮箱等，只有在选定了特殊的用户后，数据中心才能主动给选定用户精准推荐数据档案。精准推荐数据档案的服务，可以提高档案信息的利用效率，同时也将档案服务方式由被动转为主动。例如，一些高校档案馆，整合数据库中一些教师个人的职称、学历、科研、财务经费等数据，利用移动网络平台主动推荐给教职工，教职工在手机上直接点击就可以在线阅读和下载数据档案。

（三）不断推进信息服务平台建设

在智慧档案馆建设中，馆库智能化管理是一项基础性的建设任务，但是由于信息技术的发展和信息服务的需要，在一定阶段需要建设一个大型数据服务平台，通过互联网络将不同档案馆的数据库链接起来，实现"馆际互动、跨馆查询"的功能。这个大型服务平台，可以依托一个大型档案馆负责开发和维护。例如，浙江省档案系统的百馆联动机制中，由浙江省档案馆负责开发维护"浙江档案服务网"（www.zjdafw.com），浙江省每个区县综合档案馆均可通过这个网络平台，实现在线查询、百馆联动。

智慧档案馆建设中，特别是单个实体馆的馆库智能化建设中，技术平台主要由档案馆的技术部门和智慧城市云计算中心来完成技术保障，档案馆技术部门应当起到主要保障地位。在智慧档案建设的高级阶段，技术平台主要由档案馆的技术部门和智慧城市云计算中心来完成技术实现，智慧城市云计算中心起到主保障作用。

第四节　人工智能与档案管理信息化

人工智能技术在各行各业都已经有了广泛的运用，无论是生产的自动化还是日常办公的信息化，都是对人工智能技术的一次充分应用。目前更需要考虑如何将人工智能技术广泛地应用在档案管理的信息化工作当中，力求保障档案管理工作的高效性、安全性以及低成本性，使档案管理人员能够从繁杂的档案抄写和档案管理工作当中解脱出来。

一、人工智能技术与档案管理

（一）人工智能技术

在 20 世纪 50 年代中期，欧美等发达国家就已经率先提出了人工智能的概念，并且将这一理论概念逐渐的发展成为了现实存在的技术，震惊了学术界。目前，科学家们致力于研究更加精深的人工智能技术，为此开发了多种多样的理论原理。而人工智能也随着经济全球化得到了普及，被运用到了全球的各个角落当中去，为各行各业的生产力发展提供了巨大的动力。AI 技术，它是人工智能技术的一个缩写，是通过计算机网络的方式将多个系统集合起来，从而形成一个可以模拟人脑的智能机器。人工智能技术包括了机器视觉、指纹识别、人脸识别、虹膜识别、智能搜索和专家系统等。从这个角度来看，人工智能技术实际上是对人的大脑的一次复制和模拟，尤其是对人脑当中的思维意识和思维过程的一次模拟，但人工智能并不能够与人脑完全等同，他只是人脑的一个低端复制，并不能够超过人的智慧，也不能够进行独立的人类思考。

（二）档案管理

档案管理这项工作属于行政管理工作的范畴，它普遍存在于各行各业和各个层次的公司当中，即便是在规模小的公司，也一定都会具有相应的档案管理工作和专门的负责人员。在传统的档案工作当中，人们主要是通过记忆和书写的方式将一本本档案进行反复的装订和整理，并且撰写目录，相对来说耗时耗力，出现错误的可能性也十分的高。随着科学技术的不断发展，人们更多地将计算机信息技术运用到了档案管理工作当中去，极大地解放了这项工作的生产力，提高了档案管理的工作效率，此外也使得越来越多的管理人员能够从繁杂的档案整理和文书撰写当中解脱出来。档案管理的内容和项目是复杂的，除了一般的人事档案以外，还包括了文书档案、发展档案、项目档案、财务档案等等内容。

二、人工智能技术在档案管理信息化中应用的必要性

（一）降低错误率

将人工智能技术科学地运用到档案管理工作当中去，最显而易见的一个优势就是可以极大程度上降低档案管理的出错率。目前，利用人工智能技术当中的智能检索技术，就可以轻易地降低档案管理和借阅过程当中的错误率，无论是利用语音输入还是图片检索的方式，都使得检索途径逐渐的优化和拓宽，也使得检索的时间成本正在不断地被压缩。另外，有部分工作人员在进行关键词检索的时候，可能对于自己想要的档案和主要的内容还是比较模糊的，这时候利用智能检索技术当中的延伸检索技术，可以对其他相关的档案内容和关键词进行一个拓展和推送，使得用户既能够了解到目前所需的、与关键词相关的档案内容，同时又可以了解到与这些档案相关联或其他用户较多搜索的关联档案内容。即可以不再依赖人力进行档案文字的查阅，通过计算机网络的关键词检索就可以完成档案的查阅，极大地降低了错误率[①]。

（二）提高管理效率

以项目档案为例展开论述的话，当企业展开一个经济活动和项目的时候所需要收集的档案是多方面的。不仅包括了企业的前期投入以及招投标的各个环节，同时也包括了企业的预算以及最后的企业项目负责人员、企业项目决策会议内容等等。如果可以利用人工智能技术，首先在计算机网络当中编制一个成熟的程序，将这些不同的环节和内容首先预留出来，然后

① 杨虹. 对事业单位档案管理的创新思路的探讨 [J]. 科技资讯，2017，23（34）：125-125.

再进行完一项工作以后，自动自发地将工作所涉及的档案内容和具体信息上传到计算机中来，最终当整个项目完成以后，就能够形成一份十分详实且准确的项目档案。这种方式可以节约档案管理人员大量的时间，使得他们不用整日被淹没在浩瀚的数据信息当中。而档案管理人员往往只需要在后台进行简单的编程操作和扫描工作，就可以将所有的项目信息收录起来，在后期进行简单的排版和目录编制，即可完成一本优秀的项目档案。

（三）减少成本投入

在人工智能可以节约成本这方面，有部分中小企业会表示出较大的质疑情绪，他们认为，人工智能技术相较于传统的聘用管理人员需要付出更多的科技成本，并且后期的养护和维修成本也是一笔高额的支出。人工智能技术是一项长远的投入，当购买一套人工智能技术设备以后，不仅仅代表着购买了其中的编程和设备，更多的是购买了其中所包含的配套设施和服务，也就是后期的各种更新和维护服务。在传统的档案管理工作当中，企业需要雇佣大量的管理人才，需要付出巨大的人力资源成本，并且还需要缴纳相应的保险支出部分福利。而人工智能技术则更像是一种一次性的投入，仅仅需要在前期支付一笔大额的设备使用和专利使用费用即可。同时，人工智能技术也不需要休假，24h 都可以进行工作，工作效率也会一直处于饱和状态。从长远来看，其对企业的成本产生了巨大的节约作用。

（四）提高安全性

对于一些大型的企业项目和国家机关事业单位来说，在档案管理的工作当中，最重视的就是安全性问题。在传统的档案管理工作当中，主要是依靠人力来完成管理工作，这样一来就存在着很多的不确定性，一旦档案工作人员自身的思想意志不够坚定，就非常容易出现以权谋私贩卖企业经济信息，以及泄漏政府核心机密的问题。现阶段，如果可以使用人工智能技术来代替传统的人力管理，那么相对来说安全性就得到了保障，人工智能技术可以根据前期编程员所设置的种种权限，一些不具备权限的人员想要查阅这些档案是绝对不可能的，而这些档案也必然会在多重安全密钥的加密之下，更加稳妥的被保管在计算机硬盘当中。但这一切都需要建立在已经能够对档案管理信息化系统的安全性充分保障的基础之上，也就是需要建立起更加牢固的防火墙，有效地规避黑客风险和病毒风险。

三、人工智能技术在档案管理信息化中的应用措施

探讨人工智能技术在档案管理信息化当中的应用措施，更多的是从技术角度进行探究的。本节按照不同的技术层面对措施进行分类探究，重点提出了系统智能识别技术、指纹虹膜识别技术以及网络平台共享技术 3 项内容。

（一）系统智能识别技术

人工智能技术最核心也是最基本的技术，就是系统智能识别技术，这一技术也是目前人工智能技术当中发展最为成熟，运用最为广泛的一项技术。目前所探讨的系统，智能识别技

术就是经常能够在搜索引擎上使用的搜索框，目前在智能识别技术当中，不仅仅可以通过文字的形式进行检索，同时还可以通过语音的形式进行检索，然后通过图片的形式智能判断，而这些技术都可以被广泛地运用到档案管理的信息化工作当中来。

举例来说，如果想要进行查阅档案工作的时候，就可以利用系统智能识别技术，将已知的档案文号或者档案标题或者是档案当中内容的关键词放置到搜索框当中，只需要轻轻地点击检索按钮，那么即可以搜索出与之相关的各种档案。在语音识别技术方面同样如此，可以通过语音的方式将所口述的内容转化成为文字，在系统当中自动地进行检索，寻找所需要的档案。而图片智能识别技术则更多地被运用在一些历史档案和项目档案当中，例如企业在发展的过程当中所兴办的一些项目可能已经年代久远，记不清当中的关键词和具体信息，但是在官方网站上具有当时项目的相关图片，那么就可以将图片放置到搜索框当中点击搜索，此时包含此图片或相近图片内容的档案就会一目了然的展示在我们的面前。

（二）指纹虹膜识别技术

成功的新城建设既离不开政府主导，也离不开公司化经营机制，城市的协调性对城市活力具有重大影响。新城市主义是 20 世纪 90 年代初针对郊区无序蔓延带来的城市问题而形成的城市规划及设计理论，提倡创造和重建丰富多样的、适于步行的、紧凑的、混合使用的社区，对建筑环境进行重新整合，形成完善的都市、城镇、乡村和邻里单元。其两大组成理论为：传统邻里社区发展理论（TND）和公共交通主导型开发理论（TOD）。本节从以上两个研究视角出发，研究新城的激活策略。

例如，政府工作当中的一些文书档案和人事档案，涉及了机关内部的人事调整和编制职数，这些都属于机密的内容，而在进行档案管理的时候，就可以将人事档案管理的工作人员、主管领导和单位的主要领导作为可查阅人员，将他们的指纹和虹膜录入进来。在后期，如果他人想要查阅这些档案的时候，系统就会自动的对这个人的虹膜进行扫描，一旦发现不匹配的问题，就会在系统内产生警告信息，并且直接以短信和电子邮件的形式发送至主管领导及人事档案管理人员的手机当中，可以有效对可能存在的风险产生一个预警机制。当主要领导和档案管理的负责人员看到某些人妄图窥探企业的机密档案的时候，那么就能够做出相应的处罚条例，积极地调整管理制度，这就可以使得档案管理工作逐渐朝着更好的道路发展，从而实现一个良性循环。

（三）网络平台共享技术

档案的查阅、借阅以及归还是一项十分复杂的工作，在传统的档案管理流程当中，主要是通过纸质文件的形式逐级进行向上审批，尤其是在涉及一些机密和机要文件的时候，更需要进行一个繁杂的审批流程。这时候，如果能够利用人工智能技术当中的网络平台共享技术，将这些审批流程进行简化，通过电子计算机或者说是 OA 软件的形式，在网上平台就能够完成各项审批工作。与此同时，在企业或单位内部一些可以公开的档案文件，可以利用平台中的共享技术直接展示在企业和单位的局域网络当中，只要是企业内部的人员，都可以通过自己的账户和 ID 进行直接登录和查阅。

举例来说，如果在新人培训的环节当中，需要让新人更多地了解到这个企业的发展历程和其中蕴含的深厚企业文化，那么就可以让这些员工登录计算机系统，在局域网内搜索相应的档案。这些档案当中记载着企业的发展历程是可以被完全公开的，不含有一些机密内容的，这样一来，员工的借阅档案和查阅资料，不需要经过繁杂的审批手续，大大减轻了档案管理人员的工作负担，真正实现了简政放权，做到了工作流程的优化与高效。

（四）智能检索技术

人工智能技术作为一种高科技的技术，其研发的主要目的就在于解放生产力，提高工作效率，将人工智能技术广泛地运用到档案管理工作当中，来也可以达到这一目标，帮助档案管理工作的效率实现大幅度的提升。现阶段，如果可以采取人工智能技术来进行智能检索的话，可以极大地解放生产力，使得传统的档案管理工作人员的工作压力得以释放。举例来说，如果在电子档案排布方面可以按照其重要程度和具体价值进行顺序排放的话，那么就可以在后期的检索中，同样按照这一排序标准得出最终的检索结论。与此同时，采取智能检索的方式，不仅可以对想要获知的信息进行检索和取得，同样也可以利用人工智能技术将某一用户的多次检索关键词及结果统一起来，科学的计算出这一用户的使用需求和未来检索预期，并为其推荐相关的关键词及档案。

这不仅依靠单一的档案检索系统，更多的是需要专业技术人员能够在联网和共享平台的基础之上，开发一款多个档案局共享的计算机管理软件系统，这样才能使得各个局和部门的档案信息，能够有效地归类和统一。

综上所述，档案管理工作是一项复杂的工作。在传统的档案管理工作当中，更多的是依靠员工来完成各项工作，其过程耗时耗力，错误率较高。目前需要迎接信息化的步伐，跟上信息化的时代，积极地使用人工智能技术，并将其运用在档案管理的信息化工作当中去，尽可能的实现多项技术的融合，使得档案管理工作能够变得更加高效，档案管理的流程能够被逐渐的优化。

第五节　数字档案馆生态系统智能化

一、数字档案馆生态系统智能化发展内涵

数字档案馆生态系统的智能化发展的核心在于作为数字档案馆生态系统主体的档案人以智能化技术为手段、以数字档案资源为载体、以档案信息资源的长期存储与为社会提供档案信息资源利用服务为主要目标，实现数字档案馆与社会之间的无缝链接，为社会提供泛在信息网络社会的档案信息服务，促进数字档案馆与社会环境之间协调发展。其内涵突出表现在

以下三个方面：

（一）管理方式智能化

数字档案馆生态系统技术聚集性高、技术应用密集，通过对智能化技术的开发与广泛应用，整合数字档案馆各系统平台，建立技术高度集成、整体协调、开放互动的数字档案馆智能信息管理系统。如通过对档案形成、收集、整理、鉴定、保管、利用等档案管理业务流程进行整合，建立智能化档案业务管理平台，实现档案业务管理智能化；通过应用现代信息技术，建立档案库房照明、消防、温湿度调控、防盗等智能化管理系统，降低库房能耗、提高库房管理水平，实现库房绿色管理和智能化管理；通过利用现代技术对数字档案馆信息资源进行智能化采集与捕获，增强数字档案信息资源聚合集成能力，优化信息资源结构，实现数字档案资源的社会共享。

（二）服务模式智能化

数字档案馆生态系统服务模式智能化集中体现在现代技术与档案服务的紧密结合之中，特别是通过深入应用智能技术，实现数字档案馆档案信息传播途径多元化、利用服务在线化、互动交流及时化，由此厚植数字档案馆生态系统智能化服务内涵。如在档案信息检索中应用智能匹配、智能拓展、智能分析等技术，提高数字档案信息检索能力；依托网络技术建立档案智能利用咨询系统，实现档案咨询服务自动筛选、自动分析、自动推理和自动应答；通过手机档案馆、微信平台、APP终端等智能服务平台，拓展档案信息服务渠道和方式等。

（三）主体互动虚拟化

数字档案资源的数字化与智能化技术的广泛应用，使得数字档案馆生态系统主体之间在数字档案资源从产生归档到开放利用整个数字生命周期内在线虚拟互动交流成为现实，也在一定程度上为当下快速发展的"虚拟现实"提供了重要素材。尤其是智能技术的广泛应用，既拓展了数字档案馆生态系统智能化服务的路径，也增强了用户智能化服务的"虚拟现实"的智能体验。

二、数字档案馆生态系统智能化发展特征

（一）互联互通性

数字档案馆生态系统智能化发展语境下的"互联互通"，一方面意在智能技术环境下计算机、网络、通信等智能化技术在档案工作领域中的融合与应用。这是数字档案馆生态系统智能化发展的核心驱动力，也是提升数字档案资源采集、传播、利用、安全能力等的不竭动力；另一方面是指数字档案馆生态系统与政治、经济、社会、文化等外部环境之间的智能交流，"借助互联网、物联网以及现代通信等技术与'智慧城市'相融合，成为'智慧城市'生态系统的子系统，同时又通过物联网、传感网等，将档案信息子系统与城市各领域、各子系统相互连接，实现信息资源共享"，激活数字档案资源的潜在价值，发挥数字档案信息资源在增强

国家软实力和竞争力中的战略作用①。

（二）全面感知性

物联网的发展是互联网发展的延伸与扩展，不仅可以提升人们认知世界和处理复杂问题的能力，还能提高整个社会信息化、智能化水平，而且为数字档案馆智能化发展提供了重要技术动力，有利于推动智慧档案馆的形成与发展，"最终达到资源的及时跟踪以及合理配置，能在全面感知的基础上做好档案的收集、整理、鉴定、保护、检查等八个环节，为档案人员提供利用"。云计算、大数据等技术的融入与整合，为数字档案馆生态系统智能化发展中的"全面感知"提供了无限可能。智慧档案馆作为档案界主动跟进和融入国家智慧城市、智慧中国战略而提出的数字档案馆建设新模式，它"是采用物联网、云计算等新技术智能管理多元化档案资源、具有感知与处置档案信息能力并提供档案信息泛在服务的档案馆模式"，促进数字档案馆生态系统档案智能化服务与管理，突破传统档案服务的时空限制，以"互联网+"发展与应用为契机，全面整合广播、电视、杂志、报刊等传统媒介，将档案实体、档案内容、档案管理信息与互联网联系起来，实现对档案实体、内容信息、管理信息等的全面感知，打通数字档案馆生态系统生态因子之间的"任督二脉"，促进数字档案馆生态系统主体与主体、主体与客体以及客体与客体之间的全面感知，从而有效提升用户档案智慧服务的体验感与现实感。

（三）充分整合性

数字档案馆生态系统智能化发展过程中，整合既是其发展的重要内容，也是重要特征。需要充分利用现代信息技术与信息产业发展契机，对接数字档案馆建设与发展，提升数字档案资源的采集、处理、传播、利用、安全能力，完善国家档案事业"三个体系"建设。数字档案馆生态系统智能化发展不仅涉及数字档案资源整合策略、整合模式、整合体制、整合机制等，还包括数字档案馆生态系统平台整合、人员整合以及管理整合等。整合平台能够破解数字档案馆、数字档案资源信息管理平台之间的系统异构现象，实现数字档案资源的科学统一管理；整合人员能够充分发挥数字档案形成者、管理者、利用者作为数字档案馆生态系统主体的人力资源价值；整合管理能够化解数字档案馆管理中无序与有序、分散与集成、孤立与互通之间的矛盾，突破数字档案资源管理方式、管理技术、管理手段、管理机制等方面存在的障碍，进一步实现数字档案资源的集成管理与共享服务。

三、数字档案馆生态系统智能化发展态势

（一）档案资源的智能共享

档案信息资源是数字档案馆生态系统的核心生态因子。数字档案信息资源来源广泛、种类繁多、数量巨大，充分利用现代智能技术，通过传统档案信息资源与数字档案信息资源整合、不同类型的数字档案信息资源整合、区域数字档案信息资源整合等方式，实现数字档案馆生态系统档案资源的系统整合，完善数字档案资源体系，提升数字档案资源质量，构建数

---

① 王璠.关于新时期事业单位档案管理创新思路的思考 [J].改革与开放，2016，56（10）：124-125.

字档案资源数据库，为大数据时代数字档案资源的信息挖掘与开发提供优质数据资源，增强数字档案馆生态系统的服务水平和服务能力。当前，云计算、大数据、物联网等技术快速发展，这为数字档案资源的智能共享创造了契机。我们要围绕数字档案资源的战略价值，抓住智能技术发展与应用的战略机遇，在数字档案馆生态系统档案信息资源整合的基础上，协同数字档案馆生态系统各生态因子，激发数字档案资源的社会利用需求，提高数字档案资源的共享水平，创新数字档案资源的共享方式，实现数字档案资源的智能化共享。如我们可以凭借云技术将各类档案资源进行快速调度和组合，推动数字档案资源云存储，在此基础上构建云档案馆，"通过'云'端提供的强大计算能力、方便快捷的网络服务以及良好的交互环境，为档案用户提供多样化和个性化的档案服务"，实现数字档案资源的云端共享；将大数据技术与数字档案资源紧密结合，实施档案大数据战略，实现数字档案资源的智能检索、采集、处理、传播、利用等，提升数字档案资源的开发质量，丰富数字档案资源的开发产品；利用物联网技术，实现数字档案馆生态系统与数字图书馆、数字博物馆、电子政务平台、电子商务平台等之间的互联互通，消弭数字档案资源"信息孤岛"。

（二）档案业务的智能管理

数字档案馆智能管理是数字档案馆生态系统的智能化管理实现的落脚点，它综合运用现代信息技术，如计算机技术、网络技术、存储技术、数据库技术、数字化技术、多媒体技术、通信传播技术等，实现档案管理智能化、档案工作现代化。随着数字档案资源大量增加，数字档案馆种群快速成长，档案馆自动报警、自动灭火、自动调控温湿度、自动调档还档、自动检索、自动利用、自动统计以及远程控制、远程自主利用等功能得以全面实施，传统的档案管理手段、管理方式等日趋智能化，且管理水平不断提高。如通过引进与应用智能管理系统，整合传统档案管理信息系统、办公自动化系统、档案库房管理系统、档案利用管理系统等信息系统平台，并引入人工智能专家系统、知识工程、模式识别、人工神经网络等方法和技术，构建具有集成化、协调化、自动化的数字档案馆生态系统智能管理信息系统，从而进一步推动国家档案事业科学发展。

（三）档案利用的智能服务

作为数字档案馆生态系统服务载体的档案利用服务，不仅需要继承传统档案利用服务的优势，而且还要进一步拓展档案服务路径，创新档案服务手段、服务方式、服务模式以及服务制度，实现档案信息传播途径多元化、利用服务在线化、互动交流及时化等智能化服务，满足泛在信息网络环境下用户档案个性化、多元化、便捷化、在线化等利用需求。如通过开发与应用移动终端APP，实现数字档案资源服务的移动化，破解数字档案资源服务的时空限制；通过构建数字档案资源云采集、云存储、云利用等云平台，充分利用移动互联网技术的战略优势，增强数字档案馆生态系统的开放性，激发数字档案馆生态系统的活力，推动数字档案馆生态系统服务智能化发展；通过引入先进的后台信息系统，创新数字档案馆生态系统管理与服务，实现海量数字档案资源的在线处理，满足数字档案馆生态系统用户在线化、定制化、可视化等档案智能服务需求。

（四）档案机构的智慧发展

档案机构的智慧发展不仅是数字档案馆生态系统智能化发展的重要表征，而且是数字档案馆生态系统智能发展的实践载体。代表着数字档案馆生态系统智能化发展方向，具有跨界、融合、互联、高效、便捷等特征。其中智慧档案馆、智慧档案室是其实体形态，智慧服务是智慧档案馆、智慧档案室的服务形式，它是"建立在知识服务基础上的运用创造性智慧对知识进行搜寻、组织、分析、重组，形成实用性知识增值产品，有效支持用户的知识应用和知识创新，并将知识转化为生产力的服务"，且与智慧城市、智慧中国、智慧地球等发展战略高度关联。数字档案馆作为海量档案信息资源的集散地，"借助互联网、物联网以及现代通信技术与'智慧城市'相融合，成为'智慧城市'生态系统的子系统，同时又通过物联网、传感网等，将档案信息子系统与城市各领域、各子系统相互连接，实现信息资源共享"。智慧档案馆作为数字档案馆生态系统的智能化发展的基本载体，通过充分利用物联网、云计算、大数据等智能技术，加强数字档案馆中人与人、人与物以及物与物的互通互联，与外界环境之间保持开放交流，融入智慧城市、智慧中国乃至智慧地球，实现档案数据的自动识别与管理、档案实体管理的智能化、档案服务的智慧化，既可以面向社会大众提供智慧服务，也可以支持支持社会大众参与智慧档案馆建设与发展，如成为美国国家档案馆的"Citizen Archivist"，从而最大程度、最大范围实现档案资源的社会共享。笔者认为，智慧档案馆既是数字档案馆高级形态，也是档案管理思维创新与档案服务内涵提升的反映，是数字档案馆生态系统智能化发展的重要标志与实践载体。体现了新形势下国家档案事业发展的新要求与新趋势，适应了现代社会智能化发展的时代潮流。

第六节 物联网技术下档案管理智能化

档案管理水平的高低是衡量档案馆现代化发展水平的依据，但档案管理模式单一，管理人员少且素质不一，种种问题导致档案管理出现失于规范的现象。鉴于以上现状，对档案管理进行技术升级与改造，从而实现智能化管理刻不容缓。目前，物联网相关技术已经广泛应用于工业、交通、物流等 20 多个领域，根据 IDC 的数据，预计到 2020 年底，全球物联网连接的"东西"将达到大约 2120 亿个，产生的收入将达 8.9 万亿美元，全球将进入物联网时代，而中国目前是仅次于美欧的第三大物联网应用领域的地区，预计 2016 年总体规模将突破万亿元。

未来各项条件满足的情况下，物联网的应用范围也会扩及至档案馆，利用物联网技术智能化管理档案前景广阔，发展潜力巨大。

一、物联网环境下档案智能化管理的关键技术

物联网的概念是 1999 年 MIT Auto-ID 中心 Ashton 教授在研究 RFID 时首次提出来的，它是物与物、人与物之间的信息传递与控制，其中最重要的技术是射频自动识别（RFID）技术。射频识别（RFID）技术通过采用无线射频方式，识别目标对象然后获取所需数据，无须识别设备与目标之间建立机械或光学接触。

RFID 设备一般由三部分组成：电子标签、读写器和天线。电子标签是无线收发装置，它们附着或嵌入在目标物体中，实现对其追踪定位，广泛应用于门禁考勤、仓储管理等领域。读写器是 RFID 系统的信息控制和处理中心，负责给电子标签提供能量并与电子标签进行双向通信，还可以在其工作范围内实现多标签识别。天线是一个"桥梁"，阅读器通过天线发射能量，形成范围电磁场，从而对磁场中的电子标签进行识别，在电子标签与阅读器之间发挥着射频通信功能。

RFID 的技术的基本工作原理并不复杂，电子标签进入阅读器的可读区域后被激活，其编码就会通过读写器解码并传至主机，主机识别标签身份，然后向读写器发出读或写的命令。当主机远程控制读写器发出"写"的指令时，通过天线发出射频命令与电子标签建立通信协议，然后标签开始传送所要求的数据。当收到"读"的命令时，读写器发出查询信号，电子标签收到查询信号，将数据信息调制后返回读写器。

二、物联网技术在档案智能化管理中应用的必要性和可能性

（一）物联网技术在档案智能化管理中应用的必要性

近年来，传统档案管理手段导致的问题日益突显。在传统方式下，档案入馆后先需进行杀虫消毒、分类、排序，并去装订，然后由人工撰写档案的相关信息。虽然当下大多档案馆都配备有计算机等设备，但是这些设备只是主要应用于档案的著录，而且还是人工手动著录，耗时耗力。部分档案馆中的借阅工作也由计算机承担，但只是负责借阅记录，并没有在档案工作方面有所简化。整体上，我国档案管理还是处在传统的手工方式，这种陈旧的管理方式与当下科技发展的水平不相适应，长此以往，必然会影响档案管理工作的开展和升级，将物联网技术引入档案管理的各环节是简化档案管理工作，推动我国档案管理事业发展的主要途径之一。

（二）物联网技术在档案智能化管理应用中的可行性

在我国，为了促进物联网产业的健康快速发展，国家相关部门已把物联网列入国家重点支持的战略性新兴产业之一。国务院通过《国务院关于加快培育和发展战略性新兴产业的决定》，物联网被列为新一代战略性新兴产业之一。《国务院关于推进物联网有序健康发展的指导意见》提出了 2015 年物联网在经济社会的重要领域实现示范应用的总目标。此外，全国已经有 200 多家本科院校开设了这一专业，例如武汉大学、西安交通大学等等，由于物联网教育体系不断完善，为物联网技术在档案管理中的应用提供人才资源。

三、物联网在档案智能化管理中的应用

（一）档案智能化收集过程中物联网的应用

各单位按时将各类档案送至档案馆，档案管理员将档案整理完成后，按类装入不同的档案盒，利用档案收集子系统中的 RFID 管理板块生成 RFID 标签内的数据，例如责任者、文号、题名、日期、页数等，利用读写器写入并打印 RFID 标签贴到档案上，放到档案架上。

入库时，只需储位管理版块发出入库指令，读取档案盒上的 RFID 标签信息，储位编号与档案盒编号进行匹配，储位管理版块会自动识别并分配存放的储位。

（二）档案智能化保管过程中物联网的应用

利用物联网技术，可实现档案实体的防盗管理。RFID 读写器读取范围涵盖档案存放的整个物理空间，RFID 智能安全检测门能够对档案出入门口自动识别，并具有声光报警功能。当档案被取出时，出口的 RFID 读写器就会捕捉被取档案的信息，并与利用系统中档案借阅版块的指令进行比对，如若二者不同，那门禁设备就会自动报警，同时能自动统计和显示人员进出次数。此外，传感网络中的传感器可以对档案库房、机房进行监控并管理，在库房或档案馆机房中布置各种传感器和摄像头，使其能"感知"实物档案生存环境。除了监测外，机房或库房可通过库房自动调节系统保证恒温、恒湿。

（三）档案智能化利用过程中物联网的应用

1.依靠物联网实现档案实体内部阅览

利用者在借阅档案时，可在系统根据关键词等信息查阅具体位置，因为借阅模块有档案自动识别的功能，可告诉档案管理员该档案的存放位置，并将信息发往手持显示屏，这就减少了查找档案的时间[①]。档案管理员取出该件档案后，系统会自动记录查阅过程，查询结束后，档案管理人员将档案送回库房，一次查询结束。以上过程只需要人工进入库房取和放回档案，其他一切过程均有系统自动记录完成。

2.依靠物联网实现档案实体外借

在档案经过智能安全检测门时，RFID 阅读器会将档案信息反馈到利用子系统的借阅版块，如果反馈信息与出库信息不同，监控模块就会向警报模块发出警报，反馈信息无误时，管理员确认后进行出库。与此同时，系统会对档案的出库时间进行记录，并由管理员在射频标签内写入被借阅档案的相关信息，即可完成借阅。档案归还时，档案工作人员使用 RFID 读写器读出档案信息，系统自动消除该案卷的借阅记录，最后根据 RFID 中的档案位置信息送回相应的位置，完成还卷的工作。

（四）档案统计过程中物联网的应用

1.依靠物联网实现档案堆垛扫描

系统的标签具有穿透性强、读取速度快等优势的优势。RFID 读写器基本可以同时从多个

---

① 孙长美. 浅谈事业单位档案管理的现状及对策 [J]. 中国市场，2015, 5(4): 88-89.

射频标签中快速读取包括货位信息、档案内容摘要信息等多项相关数据信息。如一些读写器以 200/s 的速度读取标签上的数据，这种扫描速度比传统扫描速度要超过 100 倍。

在入库时，可进行档案堆垛扫描，实现批量盘点，从而极大地提高档案接收、入库工作的效率。档案归档时系统对入库档案的数据进行记忆性的保存，加之日常档案出入库的数据也有留存，所以每次档案盘点理论上的数据是可以通过系统计算出来的。

2. 依靠物联网实现档案空间定位

现实盘点工作可以依靠 RFID 技术的实物档案定位功能，即因为在每个实物档案形成的 RFID 标签中包括存放地点、来源、摘要等信息。档案盘点时，只需由查询子系统发出盘点指令，若是少量的档案，档案管理人员可利用手持 RFID 设备扫描档案架的 RFID 标签。盘点后可将所获得的信息传递到后台处理服务器，而对于工作量大的库房的清点工作可借助 FRID 移动阅读器。

物联网的出现和普及是科技发展的产物，在物联网普及的行业，它逐渐解放了人力，使各环节工作互通智能，更加有效地服务社会。在我国档案部门已经着手构建物联网环境下的档案管理框架，随着时代的发展，制约因素的解决，物联网技术必将普及至我国档案管理领域，届时物联网环境下档案馆升级成为一个智能化、多功能的场所，推动我国档案事业良性循环发展。

第六章　现代档案资料管理

第一节　建筑工程档案资料管理

　　档案信息管理过程中，信息技术的应用愈发深入与广泛，对于档案信息管理的效率与质量的提升起到了非常重要的作用。本节首先就计算机数据挖掘技术的具体类型加以阐述，继而探讨计算机数据挖掘技术在档案信息管理工作中的具体应用。

　　数据挖掘技术是一种以数据收集、处理与分析技术为基础的处理技术，能够在数据量日益庞大的数据库中选取到满足人们需要的数据。在数据库管理中，数据挖掘技术可以对数据信息进行有条理的归纳与整理，并在此基础上进行数据分析与处理，从而为后期的决策与管理工作提供数据支撑。

一、数据挖掘技术的分类

　　数据挖掘技术的相关规则。计算机数据挖掘技术运用的过程中所使用的简单关联分析原则就是相关规则，能够对程序中的数据加以更加精准地描述，同时也可以对相关数据信息进行更加有针对性地研究与分析。总的来说，数据挖掘技术的相关规则可以根据事物的具体描述，结合与之有相同属性的其他事物，利用总结归纳法则明确其模式与属性。出于处理数据库的需要，相关规则的使用需要以数据记录的方式，避免数据对于空间的占用，进而完善数据管理系统。

　　数据挖掘技术的粗糙集。粗糙集是数据挖掘技术的主要类型之一，是一种知识不确定、研究不准确的数学工具，但正是由于这种特点，数据挖掘技术能够着重凸显其应用的优势。第一，数据挖掘技术的粗糙集可以在不需要全部掌握信息的情况下得以运行，在实际的预算过程中，粗糙集的使用算法不需要过于复杂与困难，因而广受计算机数据挖掘技术使用者的青睐；第二，在技术研究过程中，需要应用较为大型的数据库，因而使用粗糙集进行数据收集的时候可以有效减少时间成本的投入，并以表格或图表的形式，对数据信息资源进行收集与归纳，以便于用户的检索与收集。另外，粗糙集十分适应虚拟网络空间不确定性的环境，可以更好地对网络空间的不确定性知识进行有效收集与整理。

二、档案信息管理中数据挖掘技术的应用

　　档案分类法的应用。在档案信息管理工作中，运用计算机的数据挖掘技术，可以应用档案分类法，主要是将大量档案按照某种分类规律，对档案进行分门别类的整理，将属性相同

的档案归于一类，将属性不同的档案分别归类。在分类过程中，运用数据挖掘技术可以实现对档案更加细致地划分，进一步提高档案管理的质量与效率，通过有效分类为档案管理提供便利。

档案收集法的应用。在运用数据挖掘技术进行档案管理的过程中，可以利用档案收集法，首先对档案数据进行有效统计与分析，根据已知数据的具体描述构建概念模型，将概念模型与测试样本相对比，如果某概念模型在测试之后受到认可，则以该模型为基础，以此对档案管理对象划分类别。例如，在进行潜在客户的市场调研时，工作人员以调查问卷的形式收集调研对象的年龄、职业、分布区域、爱好需求等具体属性，将每一次收集的客户档案录入到数据库当中，运用计算机技术根据客户的属性信息进行自动分类，因此大大减少了实现成本的投入，提高了工作效率与工作质量。

又如，某学校图书馆通过对借阅同学信息登记的形式收集客户资料，该图书馆对 1000 名借阅学生的借阅类型与喜好进行了收集，主要包括历史类书籍、经济类书籍、科技类书籍、时事政治类书籍等，其中经济类书籍的借阅学生最多，占据了 37.8% 的比重，在经济类书籍借阅学生中，文科生占据 52.7%，理科生占据 47.3%；借阅时事政治类书籍的学生占据 26.8% 的比重，其中文科生占据 59.3%，理科生占据 40.7%。另外，历史类与科技类的借阅量分别在 13.8% 与 21.6%，历史类书籍文科生占据 63.8%，科技类书籍理科生占据 61.3%。利用计算机数据挖掘技术可以对数据进行收集与归类，并利用数据手段分析数据信息，可以得知该校学生中，文科生相较而言更加倾向于阅读历史与时事政治类的书籍，理科生倾向于阅读科技类书籍，而文科生与理科生都较为喜欢经济类书籍。

3. 档案保留法的应用

档案保留是一种留置老客户，避免客户流失而带来档案流失的方式，对于企业而言，相较于开发新客户，保留老客户一直都是一种投入较小的客户手段。在保留客户的过程中，通过档案管理方法发掘客户档案流失的主要原因，利用数据挖掘技术判断现象成因，以便于采取有效处理措施加以规避，保留老客户的同时，避免老客户档案的流失。为了确保档案管理有效性而主动采取的档案整理工作，是不被纳入到信息利用人员服务当中的，不同的信息利用人员会有不同的档案管理需求，对于信息与数据的利用程度也各有不同。基于这一特点采取的数据挖掘技术可以向档案管理部门提供有针对性的专业化服务，针对档案管理的不同需求对其数据进行属性分类，更加有利于信息利用人员快速检索档案信息，更加便于档案信息的调取与使用。

另外，运用计算机数据挖掘技术，还可以在档案管理过程中，从繁复而庞杂的不完整数据信息与模糊数据中，寻找到更加有潜力的信息与数据，并在档案信息管理工作中，就信息数据加以呈现，为档案管理系统的管理措施提供数据支撑与参考，避免档案信息数据的流式而产生的损失与不利影响。因此在应用计算机挖掘技术的过程中，可以对档案信息管理工作中产生的大量数据进行管理与维护，以确保档案管理信息数据能够得到充分应用，并及时确定档案信息管理系统中是否存在漏洞，可以及时加以处理，以避免有可能产生的信息安全问题。

在档案信息管理工作中，数据挖掘技术的应用可以提高档案管理的效率与水平，减少工作人力资源与时间资源的投入，确保档案信息管理的安全性，避免由于档案信息泄露造成的经济损失，有效保护档案信息的价值与质量。

第二节　电力工程档案资料管理

电力工程档案资料管理在一定程度上有助于电力工程施工等工作的开展，但是现实情况中，有关企业忽视档案资料管理的价值，档案管理工作人员综合素质偏低，领导层缺乏足够重视，档案管理条件滞后，档案管理制度缺乏。要针对相关问题做到制度化的建立完善，需要投入足够的人力、物力、财力支持，积极开展档案管理数字化与信息化建设，提升档案管理效率与质量。

电力工程档案资料管理属于工程管理中相对专业性、服务性的工作内容，同时也是电力工程开展不可或缺的部分。随着电力工程开展数量与规模的扩展，相关档案管理工作的不足也日益凸显，甚至引发工程工作混乱状况，对工程进行构成阻碍。因此需要充分了解当下电力工程档案资料管理中的问题，依据不同工程情况进行对应的管理策略分析。

一、电力工程档案资料管理中的问题

工作人员职业素养偏低。电力工程开展中，工程技术人员依据实际情况会对工程档案资料做一定调整修改，对应的档案记录也会产生变化调整。然而由于电力工程档案资料管理中工作人员缺乏职业素养，缺乏依据实际情况做档案数据信息的调控整理，进而导致在电力工程开展之后档案资料中有严重性的缺失与差错，甚至存在资料丢失情况，对工程推进构成一定障碍。电力工程档案资料管理贯穿整个工程过程，建档、整理、汇总、使用都关系着工程的顺利开展。档案管理人员需要有一定施工、设计、监理等工作的了解，从而才能有效地对档案资料做鉴别、整理、保管工作，需要定期对档案情况做有效汇报。要做好相关工作人员的培训指导，确保档案管理工作相关人员能积极配合档案管理工作的开展，符合有关管理标准，确保电力工程档案资料管理内容准确、真实、全面。但是现实情况中，人们对档案管理人员专业素养缺乏足够重视，导致档案管理人员专业素养偏低，实际工作应对能力不足。部分档案管理人员属于兼职人员，还需要兼任其他工作内容，由此导致在档案管理工作上缺乏足够的应对能力，由于工作压力大，从而导致档案管理容易出现疏忽大意的情况。部分档案管理人员属于企业行政后勤人员，甚至部分人员缺乏档案管理专业经验与理论的积累，从而导致综合应用能力相对较弱。工作负担重，专业经验与理论缺乏，管理工作缺乏足够重视与激励，从而导致工作人员中在个人综合素养上缺乏不断提升的意识与动力，档案管理工作效果也不能有效提升。

缺乏对电力工程档案资料管理的重视。工程施工单位对于电力工程档案管理缺乏足够重视，在人员招聘上缺乏严格的筛选标准，从而导致工作人员专业性偏低。同时由于缺乏足够重视，导致施工单位各有关人员或者其他部门、单位人员缺乏档案管理的重视与配合，导致档案资料在收集、整理、使用等方面出现诸多的不规范、不配合情况，导致档案管理人员工作开展受到阻碍。在档案管理工作上缺乏硬件、软件等条件的积极建设，导致工作开展缺乏先进性、便捷性。对于档案管理人员也缺乏定期的培训指导，因此不能及时满足档案管理所需，专业态度与技术都不能满足实际工作需要。

缺乏制度化管理。在档案管理工作上，缺乏制度化管理，更多处于人为主观管理模式，缺乏规范性、合理性，从而也导致管理工作的无序化。对于工作标准、工作流程缺乏有效设计，从而导致档案资料的安全、使用有效性、完整性缺乏有效保障。管理秩序混乱，甚至影响日常正常施工工作开展的正常运用。或者制度化建设中形成虚设，制度本身缺乏针对各工程情况的实际考虑，制度过度宽松，缺乏实际的管制约束效果。部分制度本身沿袭了老旧内容，已经不符合实际社会电力工程档案资料管理状况，制度要求存在严重滞后性。

二、电力工程档案资料管理策略

提升领导层对档案管理的重视程度。要提升领导层对档案管理的重视程度，让其明白档案资料管理对工程施工推进的价值，档案资料管理不严格直接导致施工相关工作推进阻碍，甚至引发违规施工情况出现。通过各种场合让领导做好档案管理强化指导意见，提升各部门、各单位、各岗位人员在档案资料管理上的配合度，同时积极地投入管理所需的物力、财力、人力支持，有效的优化档案管理工作整体水平的提升。

建立完善档案管理制度。要促使电力工程档案资料管理的制度化建设，通过制度来规范各岗位、各部门相关工作执行效果。制度内容需要包括档案管理岗位工作内容、工作流程、工作标准、用人标准、激励机制、培训制度、工作考评制度等，通过多种内容规范优化来督促相关工作人员规范合理的展开工作。避免制度建设的空虚、形式化问题，要认真落实制度内容，提升人们对制度的敬畏心理，提升制度本身的权威性，提高有关人员的执行力度。要充分的落实好责任制管理，将档案管理工作落实到有关负责人，提升有关岗位工作人员的工作责任心，对于资料的收集、整理、保存、使用有更强的规范操作意识，从而有效地促使制度化管理的顺利展开。

注重档案管理人才培养。要严格档案管理人才的引入，依照岗位要求来寻找匹配性人才。做好工作人员岗前培训，让其了解档案管理相关制度、要求与注意事项，提升对电力工程档案资料管理的熟悉度，促使后续工作开展的有效性。同时要定期做好档案管理工作会议讨论，对档案管理相关工作做好对应的检查与问题改善，不断地纠正档案管理中存在的问题，做好档案管理工作评价，提升档案管理人员工作状态。甚至可以提供网络视频培训资料或者专业人才培训会议方式来提升有关人员工作能力。此外，对于培训工作要分级展开，依据不同工作岗位、工作级别人员针对性安排，提升培训管理的有效性。要积极的分享档案管理知识资料，不断地促使有关工作人员随时提升自身能力，了解相关工作动态。

注重软件硬件条件建设。当下信息化技术不断提升，档案资料管理也不断地朝着数字化方向发展。尤其是档案资料的保存、整理与运用中，通过计算机技术、网络通信技术可以有效地提升管理工作的效率。要促进档案管理信息化建设，将档案做数字化保存、整理、使用，同时也要做好档案资料原版纸质内容保存，做好纸质档案保存中防火、防盗、防潮、防腐蚀等处理。设立专业的档案管理保存柜，甚至可以设立专业的档案室，控制人员进出，避免资料流失，选择适宜企业内部的档案资料共享使用平台，确保档案应有的保密性管理，同时通过互联网平台做到档案资料的使用，避免原版材料使用中引发的丢失或者缺损情况。在信息化与数字化档案管理中，应管控有关设备的拷贝功能。对于不能流出的档案资料不能允许拷贝行为。档案资料的提供要在建立在一定监控范围内，避免加密档案资料信息流出。要提升档案资料运用人员自身的保密意识，对于档案流出要进行对应追责管理，要建立对应的档案流出信息技术监控，从而有效的为档案信息流出追责。同时要对所有人员强调相关监控技术的存在以及管理的要求，从而提升有关人员在档案资料运用、保存上的谨慎意识。

电力工程档案资料管理需要从领导层着手，提升领导层的重视才能促使相关工作、有关人员的配合，进而优化整体档案管理效果。具体操作上，无论是制度建设、人才培养、硬件条件构建，都需要充分依据企业内部情况展开。在满足国家、行业有关标准情况下，针对实际企业运作情况进行对应的档案管理工作优化，从而有助于整体档案管理综合效益的展现。

第三节 精准扶贫档案资料管理

建立扶贫档案在精准扶贫工作中至关重要。扶贫档案既是精准扶贫的基础性工作，更是记录精准扶贫进程的宝贵资料，扶贫档案对于摸清扶贫底数、确立帮扶方案、制定帮扶措施、总结扶贫工作具有非常重要的作用。

为深入贯彻党中央关于打赢脱贫攻坚战战略思想，紧密结合十九大提出的扶贫大格局工作要求，加快贫困群众脱贫致富步伐，确保完成脱贫攻坚各项目标任务，扶贫档案是在打赢脱贫攻坚战工作的真实记录，是搞好脱贫攻坚工作的重要参考依据。加强扶贫档案工作，对建立健全党的基层组织，推动精准扶贫，保持农业和农村的发展与稳定，为民办事服务，打赢精准扶贫攻坚战具有十分重要的意义。

2015年11月27日至28日，中国中央扶贫开发工作会议在北京召开。中共中央总书记、国家主席、中央军委主席习近平强调，消除贫困、改善民生、逐步实现共同富裕，是社会主义的本质要求，是中国共产党的重要使命，全面建成小康社会，是中国共产党对中国人民的庄严承诺。

打赢脱贫攻坚战，是国家保证全体人民共享改革成果、实现共同富裕的重大举措。坚持从严从实做好精准扶贫，强化动态管理。这就要求对贫困村、贫困户、贫困人口进行全面核查，摸清基础信息,找准致贫原因。对识别出来的贫困村、贫困户要在建档立卡的基础上,逐村分析、逐户了解,因人施策,及时掌握脱贫人口和返贫人口状况。根据贫困程度和贫困人口不同情况,坚持分类施策、分类脱贫,确保扶贫工作有的放矢。设立贫困户档案,做到帮扶有策、脱贫有据、有档可查,确保脱贫工作扎实有效。因此,建立健全一套规范的扶贫工作档案,对于摸清扶贫底数、制定帮扶方案、帮扶措施、总结扶贫工作具有非常重要的作用。

一、提高精准扶贫档案工作的自信心和责任感

精准扶贫工作进入了前所未有的历史机遇期,精准扶贫档案是落实党和国家扶贫攻坚战略的历史见证,是对贫困户中主动脱贫、自强不息、自觉脱贫典型,以及在脱贫攻坚中先进典型人物打赢脱贫攻坚战的全部记录。相关人员要进一步提高思想认识,增强做好精准扶贫档案工作的责任感、紧迫感和使命感,切实把扶贫档案工作放在心上、抓在手上。完善落实精准扶贫档案工作,对实现党中央提出的精准扶贫要求具有重大的现实意义。因此,要充分认识精准扶贫档案工作的重要性,增强精准扶贫档案工作意识,强化监督、落实责任,切实加强组织领导。建立精准扶贫档案是开展精准扶贫工作的基础,只有将这项基础工作做好了,扶贫工作才能发挥实效,起到精准帮扶的作用。

二、提升精准扶贫档案工作重要性和紧迫性认识

开展精准扶贫档案工作,是落实习近平总书记"真扶贫、扶真贫"重要举措,是对精准扶贫工作客观、真实、全面地反映,是今后工作查考、借鉴、利用的重要依据,是衡量精准扶贫工作水平和成效的重要体现,因此必须提高认识、增强紧迫感和使命感,要有责任担当。完善贫困户信息,建立健全台账。全面建立精准脱贫全程留痕纪实。根据扶贫档案,因地制宜、因人施策,找准定位、创新机制,使帮扶工作更加符合贫困人群的需求。以大安市大赉乡长白村为例:将不符合贫困标准的"八类户"家庭纳入建档立卡范围,要及时纠正,坚决做到该退必退,同时单独建立台账,详细记录被清退原因,确保经得起各级检查核验。以及危房改造前、改造后对比照片,申请手续,都要归档。同时将各行业部门涉及扶贫的所有政策进行梳理,及时更新,做到动态管理。对精准扶贫档案进行不断完善,进一步规范精准扶贫档案管理,夯实精准扶贫工作基础。

三、提升精准扶贫档案工作规范化和信息化水平

信息管理系统作为国家、省、市掌握贫困户、贫困村、贫困县有关信息的共同平台,是国家制定政策、落实项目、检查考核的主要依据,必须做到及时更新、准确录入。如实反映大安市脱贫攻坚工作进展和工作成交。大安市精准扶贫档案工作规范化和信息化水平离国家和吉林省的要求还有一定距离,特别是信息化建设比较滞后,推进精准扶贫档案数字化,提高档案快速查阅利用效率,对精准扶贫工作中贫困户识别资料、结对帮扶资料和帮扶计划等逐一进行登记;推进脱贫攻坚工作中准确、完整地记录留存扶贫工作文字、影像、项目、电子数据等档案资料。在实现精准识别的基础上,能够运用现代化手段使得贫困群体切实得到精准帮扶。

四、高度重视归档材料的标准和质量

各类表格填写要真实完整、合同协议验印手续要完毕，项目落实无论何种模式都要签订合同，文件日期、签署要规范，合同中要明确收益方式、收益额度，保证贫困户增加此项收益后可实现脱贫。还要做好贫困户住房、教育、医疗及增收项目进展情况记录，对贫困户何时获得何种扶持项目、项目进展、预期收入、实际收入等情况进行及时记录，作为跟踪指导、考核评价、贫困户退出的重要凭证。对贫困户认定、开展帮扶、脱贫认定全过程，做好申请、评议、记录、公示、影像等所有档案的完整、准确。健全档案管理机制，完善档案工作制度，统一标准规范，注重业务督导，积极发挥示范带头作用，不断提升精准扶贫档案管理工作质效，确保脱贫成效可靠、可信、可查，从而为打赢脱贫攻坚战提供坚强有力的保障。

五、提升精准扶贫档案指导工作

档案部门在业务指导和同时，积极与各有关部门沟通协调，因为精准扶贫档案工作涉密多个领域、多个层级，量大面宽，必须在党委、政府的统一领导和扶贫部门的组织协调下，依靠各有关方面的共同努力和密切配合下才能取得预期效果。应以《档案法》以及档案条例为工作依据，把档案管理的规范要求，全面融入精准扶贫工作之中，确保其与脱贫攻坚工作同要求、同部署、同推进、同检查，避免出现"两张皮"问题。加强对精准扶贫档案工作的指导和监督，由于涉及指导面广，档案部门应该提前介入，对乡镇、村精准扶贫工作人员进行精准扶贫档案规范化建档培训。也可以采取以点带面推广典型的工作方法，先行指导出两个乡镇、两个村精准扶贫档案规范化建档样板单位，通过现场指导培训的方式进行推广，从而解决档案指导人员不足的实际困难。为适应工作发展的要求，还可以采取以会代训、集中学习等培训形式，现场操作并讲解精准扶贫档案的分类组卷、档号的过程、目录的编写以及精准扶贫档案接收、整理、保管、提供利用等基本知识，着力提高档案人员业务素质和专业技能。通过培训，使档案人员熟练掌握工作要点，在精准扶贫档案的收集、鉴定、整理、立卷、编目、保管、利用上，能够严格按照操作规则，确保精准扶贫档案文件资料内容真实完整，收集整理实现规范化。

第四节　医院档案资料管理工作的规范化

医院档案，具体指的就是为医院提供服务的医疗文件材料与医院建设发展过程中所产生的历史资料。其中，医院内部行政管理、科技交流、法律纠纷以及学术研究等都需要有医院档案管理工作作为支撑，注重依法管理医院档案管理工作的重要作用，进一步推进医院档案资料管理的规范性发展。基于此，本节将医院档案资料管理工作作为重要研究对象，阐述发展规范性的有效路径，希望有所帮助。

在医院长期发展的过程中，其档案资料的内容也愈加丰富。为了充分发挥医院档案资料的作用与价值，就要高度重视档案资料管理工作的规范化发展。由此可见，深入研究并分析医院档案资料管理工作的规范化问题具有一定的现实意义。

一、医院行政档案资料管理工作的规范化路径

在医院行政档案资料管理工作开展的过程中，应积极成立档案管理部门，并确定具体办公场所、安排相关工作人员，通过有效地建立档案管理部门，可以统一且全面地领导档案管理工作。但需要注意的是，档案管理部门要求接受统一领导，进而集中管理行政档案资料。构建医院档案管理部门能够为医院档案管理工作的专业化和科学化发展奠定坚实的基础，而且在部门工作规划之下，也可以为医院内部其他部门档案的归档以及整理提供必要的指导与建议，进而发展成医院档案资料信息。也正是档案管理部门的构建，才会使得队伍的专业化特征得以彰显，深入分析并研究档案资料内容，进而为医院各项工作的顺利开展提供了必要的参考依据。

二、医院科研档案资料管理工作的规范化路径

众所周知，要想有效提高医疗技术与医疗水平，医院科研活动的作用不容小觑，而关于科研的档案资料管理也十分重要。

一方面，针对医院所接收的科研类型档案资料应展开细化归类整理，而且档案管理部门需要规范登记并编目已经整理好的科研档案资料。与此同时，在接收科研档案以后，要针对档案资料进行统计、分类以及加工，如果是科研成果抑或是绝密档案资料内容，一定要独立登记与管理，确保其封存的保密性。针对已经完成收录的科研档案资料抑或是既有科研档案资料接收以后，应积极开展后期鉴定工作，与科研内容相互结合，积极组织医院内部领导层、科研人员以及档案管理工作人员，针对科研期限延长与否、保密等级变动与否予以确定，并在意见保证一致的情况下，在有权主体批准以后开展科研档案资料再管理工作。

另一方面，在科研档案资料开发方面应提供必要的服务。开发科研档案资料的现实意义深远，特别是医院内部档案管理部门，针对所接收存放科研资料应当为医院的领导与科研工作人员提供相应的服务，以保证医疗技术水平得以提升，并为人们提供资料方面的支持。医院科研档案资料管理的任务并仅仅只是保存，而是要整理并加工所接收的档案内容，科学合理地分类并归档科研档案资料，完成检索工具的编制，与各档案资料所总结的摘要、简介与关键词等进行有效的配合。开展医院档案管理工作的主要目的就是为内部查阅提供必要的服务，而如果是其他单位抑或是部门查阅，一定要出具部门的介绍信，在医院领导负责人员认可并批准以后才能够查询。其中，查询的内容只能是一般的科研档案资料，如果是绝密类型科研档案资料，不仅要经由医院领导特别批准与审查，而且不允许摘抄。

三、医院病例档案资料管理工作的规范化路径

对于医院病例档案资料而言，真实地记录了患者病情的发展与治疗功能，同样也是在面对医疗纠纷抑或是法律问题情况下最有力的证据资料。目前阶段，医疗纠纷的数量明显增加，

具体表现在民事纠纷、刑事案件以及伤残鉴定等方面的取证、人身保险等法律程序，都要求医院出具报告抑或是资料。由此可见，积极贯彻并落实病历档案资料管理工作具有一定的现实意义。

首先，病例档案资料要单独管理，因为在医院档案中，病历档案的管理工作量较大，所以有必要设置专业数据库单独进行管理。在资料库管理方面，主要涵盖了场所地点管理和资料库档案保管工作管理。在管理资料库房间的时候，要保证建筑标准和档案保管具体要求相吻合，而且资料库这一专项用途是不允许改变的，不允许将其他设备设施存放于其中。除此之外，要高度重视火灾与水灾防范，进而为档案管理工作的开展营造理想且适宜的场地。一般情况下，在火灾与水灾防范的过程中，应合理运用除湿器、加湿器、通风、灭火以及温度计等多种方式，切实贯彻并落实防护管理的工作。

其次，应针对病例档案资料进行严格查阅，加大借阅管理的力度。因为医院内部病例管理工作会涉及患者个人隐私，同样与医院档案资料管理制度存在紧密的联系，所以一定要高度重视查阅管理与借阅管理工作，贯彻落实资料库出入管理工作。另外，不从事档案管理工作的人员不允许随意进出资料库，如果有必要对档案资料进行查询，一定要有档案管理人员引导与监督，才能查询相关档案资料信息。如果要借阅档案，需要严格遵循借阅管理机制的要求，详细登记，特别是借阅时间与方式等，必须保证记录内容的全面性。

最后，整理并归档病例档案资料。在医院日常经营与发展的过程中，每天的都会形成诸多档案资料，且内容也在不断更新。为此，在实践方面，病例档案资料整理与归档工作量极大，同时要求整理与存档的规范性。在整理的时候，要求事先编号才能够保管，建立并健全体系化档案资料库。这样一来，在后期有需要的情况下，即可在相关档案资料中进行查询，但值得注意的是，虽然工作的内容简单，实际的工作量极大，要求档案管理工作人员高度认真地开展管理工作。

综上所述，医院档案资料管理工作的开展要求与新医改相适应，将医院建设发展以及中心任务作为核心内容，加强医院档案资料管理规范化的力度，贯彻并落实各种类型档案资料管理工作，进而构建健全且系统化的档案资料体系，为医院医疗与科研工作提供必要的服务。只有这样，才能够使医院档案管理工作支持功能得以提高，进一步推动医院的全面可持续发展。文章通过行政档案、科研档案以及病例档案三个方面阐述了档案资料管理工作的规范化发展路径，以供参考。

第五节　新媒体环境下影像档案资料管理

近些年来，随着新媒体技术的广泛应用，为影像档案管理工作实现进一步的发展提供了契机。因此，本节首先对新媒体的特点与优势、新媒体环境下影像档案资料管理工作面临的挑战和机遇进行分析和探讨,并在此基础上提出了今后影像档案资料管理工作的有效管理策略,希望能够为我国影像档案资料管理水平的提升提供参考。

档案管理工作的开展对于人类社会的发展和进步有着非常重要的意义。通过档案管理,不但能够对人类的发展轨迹进行记录,还能够对社会发展信息进行融汇,因此档案管理工作对于任何一个国家而言都是一项基础而重要的工作。近些年来,随着科学技术的进步和新媒体技术的不断应用,新媒体时代已经全面到来。在新媒体环境下,通过数字技术以及计算机技术的有效应用,能够极大地提升档案资料管理工作的水平和效率,从而使得档案资料管理工作的发展能够紧跟社会发展的步伐。所以说,加强新媒体环境下影像档案资料管理工作的分析和探讨,对于档案资料管理工作的本身以及社会的发展和进步都有着非常重要的意义。

一、新媒体的概念和内涵

新媒体的出现和发展,离不开计算机技术和网络技术的应用,可以说新媒体就是科学技术不断发展过程中的一个产物。在新媒体出现之前,媒体传播领域主要是以报纸、电视以及广播等为主,但是在新媒体出现之后,网络这一媒体则成了主流。相比于传统媒体,新媒体在传播速度、传播内容上都有着极大的优势。在旧媒体时代,信息的传播形式往往较为单一,传播速度较慢,信息无法实现快速大范围的传播,但是通过新媒体技术的应用,则能够以图像、视频以及文字等多种形式对大量的信息实现快速的传播。因此,在今后的发展过程中,实现新媒体技术与档案资料管理工作的有效结合,就能够极大地提升档案管理工作的效率,从而实现档案管理工作水平的提升。

从概念上来看,新媒体是一个相对的概念,而且其处于不断进步和发展过程中。但是,不论是哪一个阶段的新媒体,都需要以数字化技术的应用为基础和平台。从其发展和应用的本质来看,新媒体技术是能够将多种信息传播方式实现有效融合的一种技术,这一技术特点与当今时代的发展和社会的建设需求十分契合,因此新媒体技术在影像档案资料管理中的有效应用,对于档案管理行业以及社会的发展有着重要的推动作用。

二、新媒体环境下影像档案资料管理工作面临的挑战与机遇分析

相比于传统单纯的文字档案,影像档案更加生动和形象,能够对社会的发展进行直观的记录。提升影像档案管理工作的水平和效率,对于我国社会文明的建设有着非常重要的作用。但是,从现阶段我国影像档案资料管理工作的开展现状来看,在实际的管理工作中仍然存在着较多的问题,这些问题的存在,不但会影响档案管理工作效率的提升,也为新媒体技术在影像档案资料管理工作中的应用制造了障碍。

影像设备无法得到有效的应用。近些年来,随着影像拍摄设备的不断革新以及我国经济水平的不断进步,我国资料管理单位的影像拍摄设备的性能和数量也有了极大的改观。在大多数的档案管理单位中,专业数字摄像机、高性能单反等设备一应俱全,而且档案管理单位的相机大多都配备了充足的定焦镜头,完全能够满足高质量的影像档案管理工作的需求。然而,影像设施的应用水平以及管理水平却无法满足如今影像档案资料管理工作的需求。一方面,大多数档案管理单位对于影像设施的管理缺乏应有的管理意识,没有制定相应的管理制

度，导致一些影像拍摄设备存放于个人手中，对于设备的使用和变更也没有进行及时的记录，造成设备利用率不高。另一方面，很多影像拍摄人员缺乏专业的影像拍摄技能和知识，无法将影像拍摄设备的性能充分发挥出来，而且还会造成资源的浪费。

影像摄录人员结构不合理。影像档案资料的质量是影像档案资料管理过程中的核心，因此影像摄录人员的结构水平对于档案资料管理工作的质量有着直接的影响。一方面，随着我国教育事业的不断发展，影像摄录人员的文化水平有了极大的提升，在大多数档案管理单位中，从事影像摄录工作的职工学历普遍在大专以上。尽管摄录人员学历较高，但是缺乏具备专业知识和技能的人才，大部分摄录人员都并非摄录相关专业毕业，这一问题的存在导致摄录质量难以得到有效的提升。

此外，在一些单位之中，仍然存在数量较多的大龄职工，这些职工虽然档案管理工作的经验丰富，但是在文化素养以及技术水平方面较为欠缺，对于新媒体技术以及先进的摄录和档案管理技术接受的速度较慢，无法满足新媒体环境下影像资料档案管理工作的发展需求。

影像档案管理缺乏健全完善的管理体系。在现阶段的影像档案资料管理工作中，管理体系混乱、管理水平较低，已经成了一个普遍存在的问题。我国大部分的档案管理单位在开展影像档案资料管理工作的过程中，仍然处于一种放任自流、无章可循的状态。一是尽管大部分档案管理单位都配备了专业的影像摄录设备，却没有对摄录设备的管理人员进行配备，导致很多单位的摄录设备都处于私人管理的状态。在开展影像摄录的工作过程中，虽然有指定的人员对摄录设备进行应用，但是大多数摄录人员缺乏正确的设备管理意识，完成摄录工作之后并没有对摄录工作进行归档和整理，导致影像档案资料的安全性无法得到保障。二是影像资料的保存具有较高的要求，为了保障影像资料的质量和完整性，在影像资料搜集完成之后，必须要放置到恒温、恒湿的设备中进行保存，要避免资料在湿度较大、温度较高的环境中存放。但是现阶段我国大多数档案管理单位显然没有认识到这一问题的重要性，在对影像档案资料进行管理的过程中将其与普通档案资料一起存放，导致影像资料档案的完整性和安全性无法得到有效的保障。除此之外，一些档案管理人员缺乏应有的档案资料保护意识，在对影像档案资料进行利用的过程中，对档案进行随意的处置，例如损坏、篡改以及复制等行为，导致影像档案资料管理工作存在较大的风险。

影像档案资料能够对重要活动的流程进行系统和精准的记录，对于当今社会各行各业的发展都有着非常重要的意义。因此，实现新媒体技术与影像档案资料管理的有效融合有着非常现实的意义。近些年来，随着网络技术和计算机技术的不断发展和普及，各种信息以爆炸式的形式进行传播。但是对于社会大众而言，在信息快速传播的时代，信息的选择和应用水平有着更重要的意义。在这样的背景下，影像档案资料则能发挥出相应的作用，进一步提升新媒体信息传播的质量和内涵。新媒体技术的有效应用对于影像档案资料的管理也有着重要的推动作用，在过去的传统档案资料管理过程中，档案资料的形式单一，在资料的保存和传递方面都存在着较大的困难，但是在以数字技术为基础的新媒体技术帮助下，影像档案资料不但能够实现云存储，而且能够进行便捷的共享和整理，从而满足社会大众对影像资料的应用需求，为档案管理工作的进一步发展开辟广阔的空间。

三、新媒体环境下影像档案资料管理有效策略分析

树立正确的影像档案资料管理意识，积极构建健全完善的管理体系。新媒体技术的不断优化和普及，极大地推动了社会各行各业的发展和进步，目前将新媒体技术融入行业的发展过程中已经成为一个主流的趋势。因此，在今后的发展过程中，一方面档案资料管理单位的相关领导和干部必须要树立正确的档案资料管理意识，充分认识到将新媒体技术与影像档案资料管理工作融合的重要性。另一方面，从事影像档案资料管理的相关人员，必须要加强对新媒体技术的学习和研究，积极将新媒体技术应用到实际的影像档案资料管理工作中，将新媒体技术对影像档案资料管理工作的推动作用充分发挥出来，为档案资料管理服务水平的提升奠定坚实的基础。除此之外，政府部门必须要对档案资料管理单位和机构给予更多的支持和帮助，从人力、物力以及财力等方面为档案资料管理行业的发展注入强大的动力。

通过新媒体技术的应用来提升影像档案资料的宣传水平。将新媒体与影像档案资料管理工作进行结合的一大作用在于，通过新媒体技术的应用能够对现有的档案资料管理服务以及影像资料档案的宣传工作进行优化和完善。一方面，通过新媒体技术的应用和管理，相关影像资料档案管理机构能够构建一个丰富多样的数字化影像资料档案馆，从而在对影像资料档案进行完善的同时，为社会大众影像资料的查阅和利用提供更多的便利。档案机构要全面运用新媒体的优势来强化影像资料档案宣传，影像资料档案机构能够搭建专业的影像资料档案宣传网站，促使网站汇集一切的数字化影像资料档案馆藏信息，完善影像资料档案宣传部分，便于影像资料档案资源利用者进行有关信息的查阅。另一方面，影像档案资料管理的相关单位和部门还可以借助微博、微信以及 QQ 等社交平台来提升影像资料档案管理服务的交互性，扩大服务的受众规模，提升影像档案服务工作的影响力，为今后影像档案资料管理工作的进一步发展提供保障。除此之外，随着移动通信设备的不断普及，信息阅读便捷化和终端化已经成了主要趋势。因此，影像档案资料的服务工作也应以 app 的形式来为用户提供资料信息的查询和利用服务。

通过新媒体技术的应用来提升影像资料档案应用效率。在实际的影像资料档案管理工作中，不但要对档案的各项信息进行整理和分类，还要对影像资料的内涵和价值进行深入挖掘和应用。在新媒体技术的帮助下，影像资料档案管理机构可以构建相应的资料档案数据库，这样不仅能够为用户的资料档案查询提供方便，还能够对影像资料档案进行高效的整理和分类，从而保障影像资料档案实现较高的利用率，避免资源的浪费。

进一步完善影像资料档案管理部门的监管和培训工作。影像资料管理机构的相关监管和监督部门必须要加强业务监管的力度，构建科学完善的监督和管理制度。一方面，要加强对大众影像资料档案的需求和现状的调查和研究，积极完善影像资料档案的服务机制。另一方面，要加强对影像资料档案管理工作人员的规范和教育，提升他们的责任意识和工作热情，促使

他们认识到影像资料档案管理工作的重要性，从而做到在实际的管理工作中能够自觉规范自己的行为，提升自身的工作效率。要加强档案管理人员的培训力度，完善培训机制。现阶段，档案管理人员整体专业水平和业务能力不足已经成为制约影像资料档案管理工作进一步发展的重要障碍。在今后的发展过程中，相关的部门和领导必须要充分认识到人才培训的重要性，定期对员工进行专业技能和知识的培训和考核，将员工的业务能力与薪资待遇进行挂钩，鼓励档案管理人员进行自主学习，对于表现出色的员工进行及时的奖励。可以通过这样的方式来为影像资料档案管理机构树立一个良好的学风，为管理水平的提升奠定坚实的基础。

总的来讲，随着新媒体技术的兴起和普及，新媒体技术的有效应用极大地推动了社会各行各业的发展和进步。影像资料档案管理作为档案管理工作中重要的组成部分，对于社会的进步和社会主义精神文明建设都有着非常重要的意义。因此，在今后的发展过程中，影像资料档案管理的相关机构和工作人员必须要树立先进的档案管理意识，充分认识到新媒体技术对影像资料档案管理工作的推动作用，积极将新媒体技术充分应用到实际的档案管理工作之中。除此之外，相关的机构和部门必须要对现阶段影像资料档案管理工作中存在的问题有一个清晰的认识，并积极采取有效措施进行解决和弥补，为今后影像资料档案管理工作水平的提升提供助力。

第六节　工程档案（资料）管理人员工作方法

随着建筑行业的不断发展，档案资料信息化管理的不断加深，传统的建筑行业内部档案管理方式和管理理念已经难以适应时代发展的需要，进一步完善建筑工程档案资料的管理方法是现代建筑行业发展过程中必须解决的一个问题，同时也是建筑行业长期稳定发展的基础保障。管理人员必须从根本上认识到对建筑工程档案资料实行科学有效管理的重要性，不断的优化自己的管理方法，让建筑工程的档案资料管理变得更加科学化和规范化。

一、建筑工程档案资料管理工作的重要性

档案资料的完整性是保证建筑工程施工质量的基础，由于建筑工程的施工工序复杂、涉及范围广泛，这在一定程度上增加了档案资料管理工作的难度，也正是因为如此，更应该不断强化和完善建筑工程的档案资料管理工作，让其管理更具有科学性，同时档案资料的管理工作也是建筑企业内部控制体系整体水平的一种提现，它可以很好地反映出档案资料管理者对于企业内部管理的重视程度。对于部分建筑工程项目来说，如果其存在着档案资料管理上的问题，则将整个工程的当作是不合格工程来处理，这也从另一个方向上说明了建筑工程档案资料管理工作的重要性。

除此之外，建筑工程的档案资料管理工作还包括了对建筑工程建设中所使用到的技术、存在着的问题、以及解决措施等的记录工作，这对日后的工程分析、检验和审核带来了很大

的帮助,同时也可以为下次工程项目的建设提供宝贵的经验。对建筑工程的档案资料进行详细的分析和研究,还可以知道本次工程施工中具有的优点和存在着的缺点,这对提升将来的建设效率和建设质量有非常大的帮助。

二、建筑工程档案资料管理存在的问题

虽然在近些年中,我国的建筑行业有了非常迅速的发展,但在建筑工程的档案资料管理工作上依旧存在着不少问题,再加上建筑工程周期长、档案资料复杂、数量种类多等特点,让建筑工程档案资料管理工作的缺陷更加明显地暴露出,这主要体现在以下三个方面上。

第一,档案资料管理模式混乱。在目前的建筑工程项目中,普遍存在着各部门各自为政的情况,使得建筑工程的档案资料得不到一个统一的资料,这在一定程度上不仅增加档案管理的工作的难度,同时也加大了资料丢失的情况,在真正需要查找相关档案资料时,经常要花费大量的时间才可以找到相关的资料,这就大大地降低了档案资料的利用率。

第二,对档案资料管理工作不够重视,管理人员专业知识薄弱。部分企业对档案资料管理的工作的重视度不够,认为档案资料管理是一项非常简单轻松的工作,这就出现了许多档案管理人员是身兼数职的情况。在建筑工程的档案资料管理人员中,绝大部分都是由其他岗位临时调任的,严重缺乏档案资料管理的基础专业知识,是的档案资料的管理工作难以科学、全面。

第三,档案资料缺乏准确性和完整性。由于建筑工程的工作内容复杂、涉及部门广泛、工作周期长,在进行其使档案资料管理时,如果没有足够的耐心和细心是无法将其工作做好的,就会导致其档案资料经常出现不完整和错误的情况,再加上管理人员专业技能的缺乏和管理方式不统一,导致许多档案资料都没有能够技及时地进行归档,这就加大了重要资料丢失的概率。

三、改善建筑工程档案资料管理的相关对策

档案资料管理工作对整个建筑工程有着非常重要的意义,要想进一步改善建筑工程的档案资料管理工作的质量,可以从以下几个方面着手。

提高建筑工程档案管理工作的重视度。要进行提升建筑工程档案质量管理工作的质量,首先企业内部和管理人员必须对其管理工作给予足够的重视。由于档案资料管理工作与经济利益没有直接的联系,导致部分建设施工单位没有将其档案资料管理工作放在心上,进程都是在工程完工程验收时才进行档案资料的收集与整理。从表面上看,是可以节约建筑工程施工过程中的人力和时间,但由于许多资料没有能在第一时间进行整理和收集,使得许多重要的资料出现丢失或不完整的情况,这对日后的工程维护、经验总结非常不利。所以,只有加强建筑工程档案管理工作的重视程度,才可以让其管理工作变得更加科学严谨,才可以确保资料的完整与准确。

建立并不断完善档案资料管理制度。管理制度是建筑工程档案资料管理的重要指导,一个良好的管理制度是档案质量准确性与完整性的重要保障。所以必须建立起一个科学合理的档案资料管理制度,并严格的将其落实到实际的管理工作中,并在实行过程中不断地进行制

度完善，设立一个专门的管理部分来对其档案资料进行统一的管理。同时，还要明确建设单位、施工单位、设计单位以及监理单位等项目管理该工作中的职能，将档案资料的收集、整理、存档工作进行规范化，并注重每一个环节中档案资料的及时性、准确性与有效性，严格地进行档案资料的借阅制度，避免出现档案丢失的情况。

　　严格进行竣工验收档案资料的检查与审阅。在建筑工程的竣工验收阶段，档案资料的准确性与完整性对其验收工作有着非常大的影响，所以必须严格的做好工程竣工验收档案资料的检查与审阅。档案管理人员应该在工程项目管理人员的陪同下，根据建筑工程的档案归档的要求去对所有相关文件进行检查、审阅，一旦发现其中存在着任何问题都应该马上进行解决，查漏补缺，确保所有竣工材料都符合真实情况。同时，还要将《建设工程质量管理条例》《工程竣工验收备案制》等相关条例落实到实际的工程验收档案资料的审核、移交中，使竣工的验收工作和档案的验收可以同步进行。对不符合规定要求的移交工作，应该采取相应的处理措施，例如：不给予《建设工程档案合格证》、建设单位不结清尾款等，从而更有力的保证建筑工程档案的完整性与准确性。

　　加强档案资料管理人员进行定期的培训。档案资料管理人员的专业技能和综合综合素质对档案管理工作的质量有着非常大的影响，所以相关部门应该对其档案资料管理人员进行定期的培训，提升管理人员的管理意识和专业知识，并对其进行定期的考核，无法通过考试的工作人员应该给予二次培训的机会。除此之外，还应不断的引入先进的管理方式，将先进的科学技术运用到建筑工程的档案资料管理中，有效地提高档案资料的管理效率和管理质量，并积极搭建相关的沟通交流平台，让管理人员可以通过沟通交流来提升自己的管理水平，促进建筑行业的不断发展。

　　总的来说，建筑工程的档案管理资料对提高工程施工效率、改善工程整体质量、提升企业经济效益都有非常重要的意义。在建立和完善管理制度的同时，还必须确保将管理制度落实到实际的管理工作中，及时地进行档案资料的收集与整理，这样才可以更好地确保资料的准确性与完整性，并注重对管理人员的培训工作，为改善档案资料管理方法提供最有利的基础保障。

第七节　地勘单位地质档案资料的管理与利用

　　在地勘单位中，地质档案资料是重要组成部分，因此要确保地质档案的真实性、全面性，这样才能为地勘单位的长久发展服务。本节首先分析了地勘单位地质档案资料管理现状，接着提出了地勘单位地质档案资料的管理与利用策略。

　　在地质档案管理过程中，提高地质档案管理工作质量，运用现代信息系统来实现实体档案向数字化存储的转变，实现了管理方式的规范化发展，提高了地质档案管理的工作效率，也保障了数据信息的准确性。因此，地勘单位要明确地质档案的特点，认清地质档案管理工作的重要性，提出有针对性的措施来规范地质档案管理工作，从而更好地为地勘单位持续发展提供智力支撑。

一、地勘单位地质档案资料管理现状

地勘单位对地质档案管理的任务就是收集地质、保存地质资料。部分地勘单位仍旧采取传统的纸质管理的模式，占据的空间比较大，而且对地质档案的长期管理不利。而有条件的地勘单位虽然已经实施了信息化管理模式，但是由于地质档案管理的规范化建设还存在漏洞，导致地质档案管理信息化的安全问题被提上日程。因为电子档案管理系统主要是通过用户名和密码进行安全性能防范，虽然相对比较方便，但是一旦出现密码泄露或者丢失，就会对地质档案资料的安全性产生威胁。此外，作为地质档案管理工作的实施者，档案管理工作人员是管理工作中最为活跃的要素，其综合素质对档案工作的质量产生直接的影响。在新媒体环境下，档案信息化管理过程中，要求档案管理人员具备良好的新媒体素质，运用办公自动化软件处理档案资料。但是现在很多地勘单位地质档案管理人员在计算机技术上的水平都不够达标，工作素养有所缺失，极大的影响了地质档案资料管理与利用成效。

二、地勘单位地质档案资料的管理与利用措施

（一）推进地质档案资料的制度化管理

要提高地质档案资料管理成效，就要实施制度化管理，配备专业的档案管理人员，还要下拨资金添加专门的档案管理设备，从而确保地质档案的准确性和完整性。地质档案管理部门要加强专业管理的知识与技能培训，提升本单位的地质档案管理水平。要按照相关规定，结合单位自身实际，制定地质档案的管理制度。比如，文件材料归档制度、查阅制度等，从而让地质档案管理朝着制度化与规范化的方向发展。

（二）强化地质档案资料的信息化管理

随着信息技术的发展，地质档案管理不但要注重信息资源的共享，还要注重其合理利用。纵观传统地质档案管理模式，由于地勘单位在发展，档案信息也会逐步增多，纸质档案信息的重点性不突出。而在地质档案管理中进行信息化建设，传统纸质档案管理模式的局限性被打破，管理人员和查阅人员通过输入相应的关键词就能找到相应的检索信息，档案信息的重点性凸显出来，有利于实现其价值。要实现地质档案信息系统的有效应用，就要强化地质档案资料的信息化管理，这是重要的基础和保障。在地质档案管理中的进行创新的目的就是提高内部管理成效，根据系统纵深化发展的需求，注重平台化与智能化的发展。也就是说，平台化就是在地质档案管理过程中，建立协同化的信息共享平台。而智能化就是除了系统自动化的基本功能，还要实现对地质档案信息的分析、归纳与比较。想要顺应地质档案管理的发展趋势，就要注重设计的人性化，结合国际化的地质档案信息系统技术，方便使用和维护，融入知识管理理念，进而提高地质档案的管理成效。

（三）加强科技档案信息的收集工作

作为地质档案工作的起点，档案资料的收集显得至关重要。由于地质勘探档案的种类相对比较多，数量也非常多，包括自然研究、设备管理、工程建设、环境保护、气象测绘等。针对地质档案管理不同阶段进行明确的划分，确保各个环节的工作人员职责，避免互相"踢皮球"的现象出现。此外还要进一步协调档案档案管理跟其他部门之间的合作关系，针对信息化资料收集出台管理细则，提高地勘单位对档案管理信息化的认识。所以，地勘单位地质档案工作人员要具备工作责任心，能够积极主动的到基层开展资料收集工作，跟地质技术工作人员地质科研单位等保持联系，建立地质档案材料的收集与整理体系，抓住其中的重点环节，把地质档案的收集范围不断拓展，把收集工作落实到实处。

（四）全面提升地质档案管理人员的综合素质

档案管理员是开展地质档案管理工作的参与者。俗话说"打铁还需自身硬"，档案管理员的综合素质跟地勘单位地质档案资料管理与利用成效有着密切的关系。要求档案管理员具备档案知识的专业背景，能够拥有数字化档案管理方面的工作心得和技巧，能够站在宏观角度把握地质档案管理与利用应注意的问题。面对互联网背景下的新形势，能够主动自我提升，自我充电，积极参加地勘单位举办的业务知识培训与讲座，掌握专业学科知识，包括档案学、编目学等知识，还要有信息化检索知识等。作为地勘单位，要能够高瞻远瞩，明确档案管理员综合素质提升的重要性，结合自身实际引进专业的人才，还要鼓励他们进行研修深造，进而全面提升他们档案管理方面的水平和能力。此外，提升档案管理员综合素质还可以借鉴其他行业的经验，结合地勘单位自身的特点，建立档案管理员继续教育学习平台，让他们能够在业余时间足不出户接受培训和教育，提升业务技能，进而扩展视野。

第八节　基建工程项目中档案资料的管理与监控

随着社会经济的发展，基建工程逐渐增多。为了更好地进行基建工程建设，就必须做好基建工程项目管理中档案资料管理与监控工作，确保基建工程建设的科学性、合理性、准确性，从而进一步提高整体基建工程的建设效率和质量。

一、基建工程档案资料管理与监控制度概述

基建工程档案是反映工程情况的重要文件，也是判定基建工程质量的重要标准。基建工程档案包含了工程施工的全过程，对基建工程施工过程、竣工验收等环节有着极其重要的影响。为了更好地开展基建工程建设，就需要做好基建工程项目管理工作。而档案资料管理与监控则是基建工程项目管理中的重中之重，对整体基建工程质量的提高有着强有力的推动作用。因此，在日常的基建工程项目管理过程中，必须重视档案资料管理制度的建设，并结合实际

基建工程施工情况对档案资料管理制度进行不断的完善，实现基建工程建设与档案资料管理与监控同步进行，确保在进行档案资料管理与监控时有章可循，提高档案资料管理与监控的有效性。

要想建立与基建工程建设同步的档案资料管理与监控制度，首先要做好档案资料收集与整理工作，提高档案资料的完善性，从而使档案资料管理与监控更加的标准化和流程化。值得注意的是，在落实档案资料管理与监控制度时，要确保制度的贯彻和落实，可以将制度以文件的形式，下发给各个基建工程施工单位，并监督基建工程施工单位对制度的执行程度；其次，还要在制度下发的同时，使基建工程施工单位明确自身的责任和义务，促使基建工程施工单位积极参与到档案资料管理与监控中，对档案资料管理与监控有一个正确的认识，还要了解施工过程中具体的档案资料管理与监控的工作内容和审核流程；最后，还要做好档案资料管理与监控的验收工作。验收工作是档案资料管理与监控中关键环节，确保档案资料移交的顺利进行，使档案资料能够更好地为基建工程建设服务，使基建工程建设明确自身方向，在保证基建工程质量的基础上，提高基建工程施工效率。建设单位也应认识到自身的管理责任，积极的承担起档案管理的责任，实现与施工方档案管理的同步。

二、基建工程项目管理的重要性和存在的问题

由于档案管理在基建工程中扮演着重要的角色，它主要是对所有工程建设环节进行了详细的记载，是建设环节中最为直接的反映，也是建设流程中不同设备安装调试的主要因素，为后期检验工作提供重要的参考依据，显然档案管理与基建工程处于同步的状态是必要的。不仅仅如此，档案管理应当对各个方面进行深入了解，这是因为它与建设流程存在着息息相关的联系，包含了诸多的内容，例如相关单位、人员及其有关部门，同时还存在时间上的跨度等，基建工程在开展建设的时候会花费大量的时间，从最开始的设计环节一直到工程的验收环节，在这整个环节中充分的呈现出基建工程具有的烦琐性。建设单位要更多的与施工单位进行沟通和交流，共同探讨档案管理的相关举措，从而为实现档案管理的同步性奠定良好基础。

显而易见的是，档案管理也会存在某些不足之处，而建设的档案管理通常是对有关材料做好相应的整理及其保存工作。因为基建工程有着较多的特点，例如范围广泛、时间较长等，这样就会在某种程度上致使在不同种类资料整理期间变得较为烦琐。工程也是经常的变更，一些时候没有同步记载工程环节，将变更的情况忘了记载，抑或是针对这个流程但是却忽略了另外一个流程。倘若事发突然，那么可能就会忘记，还有手续资料的记载情况处于不完整的状态。以上这几种情况是档案管理及其监控方面存在的不足之处。总的来说，基建工程具有一定的严谨性，可以与档案管理同步进行，然而依然存在某些不足之处无法得到妥善的解决。在实际开展施工的时候，经常会出现丢三落四的情况，资料不完整抑或是没有提前做好备份，在需要的情况下无法提供相应的资料，例如施工图纸在这些材料中就占有重要的位置，但是大部分人员没有对此环节引起高度重视，用完就随手丢弃，没有养成备份的习惯。这样到下次使用的时候就需要重新绘制施工图纸，显然这种行为是不可取的，不但不能起到节约资金

的作用，而且也浪费了不必要的时间，对施工的进度带来一定的阻碍。可见基建工程在实际开展施工的时候，资料是多样化的，主要包含了以下几种类型：第一种是各种合同和签字资料；第二种是纸质文件资料，其中涵盖了监理的旁站记录、会议记录等。不管是对于哪种资料来说，一般都是发生事情以后的延迟记录，这样就要求相关人员事后不上记录，只有搜集到全面的记录在必要的情况下参考这些记载的资源才能整合出来当时施工的整个环节。

三、基建工程档案资料管理与监控的策略

实现档案资料管理与监控的科学性。随着科学技术水平的进步，使得信息化逐渐融入到了人们生活的方方面面，在基建工程档案资料管理与监控方面也是如此。为了使档案资料管理与监控能够紧跟时代发展的脚步，实现档案资料管理与监控的信息化、科学化，使档案资料管理与监控面对社会和市场，因此档案资料管理与监控工作人员必须不断提高自身的工作水平，增强对档案资料管理与监控的力度，在基建工程施工单位领导的带领下，认真履行档案资料管理与监控制度，进而实现档案资料管理与监控的科学性。

提高基础设施水平。为了确保基建工程档案资料管理与监控的质量，使档案资料管理与监控更好地为基建工程提供支持和保障，就必须提高基础设施水平。为此，档案资料管理与监控工作人员要将自身的工作情况对上级进行及时的汇报，确保基建工程施工单位领导对整体档案资料管理与监控情况有一个详细的了解，从而更好地对档案资料管理与监控进行指导。同时也要让上级领导明确档案资料管理与监控过程中的问题和难处，从而加大在基础设施方面的投入，实现档案资料管理与监控的安全性。

开发新的档案资料管理与监控服务体系。为了提高整体档案资料管理与监控水平，就必须不断更新和优化档案资料管理与监控方式，从而充分调动档案资料管理与监控的服务潜力，提高档案资料管理与监控的效率和质量，让档案资料管理与监控更好地为基建工程服务。还要将科学技术应用在档案资料管理与监控工作中，使档案资料管理与监控更加的现代化和科技化，开发新的档案资料管理与监控服务体系，实现档案资料管理与监控的实用性。

确保档案资料管理与监控工作人员的工作水平。作为基建工程档案资料管理与监控的主要参与人员，档案资料管理与监控工作人员的工作水平直接影响着整体档案资料管理与监控工作的效率和质量。为此，必须定期组织档案资料管理与监控工作人员的培训，使档案资料管理与监控工作人员的工作理念和工作能力不断提高，弥补档案资料管理与监控工作人员在思想和文化方向的差异，实现档案资料管理与监控的流程化。还要让档案资料管理与监控工作人员意识到自身工作的重要性，从而不断提高岗位责任心，促进自身档案资料管理与监控水平的提升，确保档案资料管理与监控工作的顺利开展。

档案建设与基建工程之间是同步运行的，同时也是对基建工程从开始到结束的流程进行详细记载的。使建设的整个环节都变得透明化，为基建工程的后期提供重要的参考依据。以此，必须认识到基建工程项目管理中档案资料同步管理与监控的重要性，从而实现整体档案资料管理与监控水平的提高。

第七章 现代化档案管理人员特点

第一节 档案管理现代化中的人文因素

一、以人为主体的人机系统

以人为主体，实现档案管理现代化、建立现代化档案管理系统的原因，主要体现在以下三个方面：

第一，人的认识的提高，是实现档案管理现代化的前提条件。档案管理现代化，代表着一种先进的观念，那就是充分利用科学技术，提高档案管理效率与质量。因而，实现档案管理现代化，从某种意义上说，是一种先进理念对传统理念的代替。人的认识与观念的变化对档案管理现代化的影响，表现为两个方面：其一，要不要实现档案管理现代化，在一定程度上是由档案部门和档案管理人员（尤其是档案部门领导）决定的；其二，在档案管理系统中，由人进行具体的操作，即由人判别具体情况，根据需要配置适当的设备与软件，最终得到符合管理需要和利用需要的处理结果。

第二，有专业技能的人，是档案管理软硬件系统的开发者、使用者和维护者。所以即使是最先进的计算机系统或其他系统，都不能代替人的全部智慧和艺术。

第三，人是档案信息的主人。档案信息的处理、存储、输出、传递都是由人来实现，而且都是为人服务的。

二、建立良好的人机界面

具在实现档案管理现代化时，要充分体现让机器服务于人、建立良好的人机界面的设想，要在设计档案管理系统应用软件时，需要表现以下几个方面：

（一）使用户操作方便简捷

例如，一项按常规分层本应被安排在第三层的功能，对某用户来说它又很常用，在界面设计时就应该考虑到这一因素从而把这项功能适当提前放置。类似这种细微的考虑会令用户使用起来感觉方便了很多。再如，一般图形按钮方式适用于功能较少、层次不多的场合，而下拉菜单方式则更适用于功能较为复杂的情况；对于综合性系统，二者结合起来使用效果会更好；对于较复杂的数据操作，则应考虑使用树状结构的图形作更直观的引导。

（二）注意减轻用户疲劳

由于长时间观看屏幕会使人感到一定程度的疲劳，因此，在界面设计时也要适当的注意，不能一味地追求复杂亮丽的图案，而要做到既能在必要时引起用户注意，又能让用户长时间观看不会感觉过度疲劳。例如，在设计时应尽量避免琐碎花哨的图案，少用大块对比强烈的颜色。一般规律是，鲜艳颜色在同一画面中不能多于二种，且最好只用于初始性或装饰性的界面，灰色则适用于长时间操作的界面；为避免操作者产生麻痹，除警告信息外，一般不使用红色；为避免分散操作者的注意力，画面中的活动图形最好不超过一个。

（三）通用软件的个性化

比较成熟的软件产品，或是一些通用系统，可能会有很多的用户。除了在功能设计上应当做到针对用户的特殊需求进行方便的改动外，在界面上也同样可以针对具体的用户采用不同的界面图形，以便突出不同用户的个性。让用户或操作者感受到这个软件是经过了量体裁衣而为其定做的，使通用软件到了特定用户手中也会觉得像专用的一样亲切。

三、更新观念、迎接挑战

方法和技能的更新，是以观念的更新为先导的。档案管理现代化需要以更新观念为先导，这尤其可以从电子文件所带来的影响上直观地看出来。

国际档案理事会在 90 年代对于电子文件也予以了极大的关注[①]。首先是建立专门的电子文件委员会，并在 1996 年制定了《电子文件管理指南》，在各国征求意见，在 1996 年的第十三届国际档案大会也把电子文件管理问题作为一项重要议题来讨论。1998 年，在北京召开的国际档案理事会的电子文件管理、档案保护技术研讨会则继续了这种探讨。2000 年在西班牙召开的第十四届国际档案大会，其中主报告之一就是"全球范围内的电子文件管理与利用"。由此可见，国际档案理事会和先进国家都开始重视起电子文件的管理问题。

随着我国"无纸办公"领域的扩张，我国档案界对于电子文件的研究也给予了很大的重视。1996 年 9 月，国家档案局成立电子文件研究领导小组，下设《电子文件归档与电子档案管理概论》编研组、《电子文件归档与管理规范》研制组、《CAD 电子文件光盘存储、归档与档案管理要求》研制组，表明我国已经进入了有计划、有组织研究的时期。国家档案局于 1999 年出版《电子文件归档与电子档案管理概论》，并草拟了《电子文件归档与管理规范》和《CAD 电子文件光盘存储、归档与档案管理要求》。

近几年来，档案工作报纸、杂志都刊发了许多有关电子文件的文章，尤其是 1998 年《档案学通信》第 1~6 期连载了冯惠玲教授的博士论文《拥有新记忆——电子文件管理研究》（摘要），更是系统研究的力作；国家哲学社会科学规划办公室下达的 1999 年重点课题就有"电子环境的文件档案一体化管理"项目，2000 年国家档案局也下达了科研项目——"关于电子文件管理的基础理论研究"；由国家档案局和中央档案馆印发的《全国档案事业发展"十五"

---

① 高俪瑕．探究档案管理工作的规范化和标准化 [J]．科技资讯，2017，15（1）：116-118．

计划》中，则专门在"工作任务"中设置"档案信息化建设"，具体规定需要解决有关电子文件归档与电子档案管理方面的五项工作内容；至 2001 年我国已出版"电子文件"管理方面的著作、教材 5 种。这些充分说明了我国档案界对于电子文件的态度，也充分说明了我国档案界迎接电子文件与电子档案所带来的挑战的决心与所采取的有力措施。

我国档案界目前对于档案管理现代化的认识，还要注意以下两个方面：

第一，需要全面了解档案管理现代化所产生的效应。客观上说，档案管理现代化给我们带来了提高档案管理效率与管理质量的机遇，但我们更应该看到其带来的挑战。它要求我们要解决许多问题，比如人才、设备、经费和技术等等问题。如果这些问题不解决，我们就应付不了档案管理现代化的挑战，也就不能真正地实现档案管理现代化。

第二，要明确现代化管理全面取代手工管理需要一个漫长的过渡时期。从目前国内外学者对档案管理现代化的一些论述，尤其是电子文件来看，有些学者对这个问题的认识存在着模糊性，出现了一些脱离实际的清谈论调，出现了许多玄虚的概念术语；而且这种风气也影响到了我国档案界，我们可以看到现在有些档案学术文章，也出现了某种清谈论调，不触及具体的实际问题，提不出具体措施，只作空泛之谈。这种风气的产生，不仅非常不利于问题的解决，反而容易将人们的认识引向误区。

第二节　档案馆人员的个体素质

档案馆人员的个体素质，是指一个档案馆人员应具备的基本条件，具体地说，是指单个工作人员由德、识、才、学、体等基本因素组成的有机统一体。

由于档案馆存在着不同的职位，而不同职位对人员素质有不同的要求。因此，在配备工作人员时，应充分考虑其个体素质，并通过教育、培训等方式，不断完善个体素质。

归纳起来，档案馆人员的个体素质由政治素质、知识素质、职业道德修养、身体素质四个方面组成，下面分别对这四个方面加以阐述。

一、政治素质

政治素质是指档案馆人员的政治思想状况。对档案馆人员政治素质的要求，是由档案馆工作的性质和特点决定的。档案馆是政治性很强的机构，阶级社会的档案馆工作总是为统治阶级的利益服务的。社会主义的档案馆工作，有明确的政治目标和服务方向，以党的利益和国家利益为最高利益，是党和国家的科学文化事业机构。同时，档案馆工作还具有机要性。因此，在社会主义条件下，档案馆工作者必须具备较好的政治素质，即具有一定的马列主义修养，较高的社会主义觉悟，坚持四项基本原则，坚持改革开放，拥护党的路线、方针、政策，维护党和国家的历史真实面貌，严守党和国家机密，积极为社会主义现代化建设服务。

二、职业道德修养

职业道德，指以一定的道德指导职业活动。档案馆人员的职业道德修养，指档案馆人员进行专业活动时应遵守的行为规范和应具备的相应品质。

我国档案馆人员应具备的职业道德修养：

（一）主动服务

档案馆是科学文化事业的组成部分，是科学研究和各方面工作利用档案史料的中心，它面向国家、面向社会，要广泛地为科学、文化、经济、政治等各项工作服务。为了最大限度地满足社会对档案的需求，档案馆工作人员必须改变传统的封闭、保守的思想观念和"看门守摊"的工作方式，变被动服务为主动服务，努力满足利用者的需求，节约利用者的时间，以实现档案馆工作的社会效益和经济效益。

（二）保守机密

档案馆所保管的档案，大部分是公开的，同时也有相当一部分是机密或限制利用的材料，因此，依法保守机密是档案馆人员的职责。同时，档案馆人员保守机密的行为，不仅仅是出于遵守法律，而且应当成为一种职业素养。因此应培养他们严格的保密观念和良好的保密习惯，以确保档案的安全。档案馆人员最大限度地向利用者提供档案文件和遵守有关保密的法规制度，都是符合国家利益的，在注意严格保密的同时充分开发利用档案资源，是对立的统一。

（三）严谨细致

档案馆工作是一项科学性、技术性很强的工作，也是一项复杂、细致，有时甚至是单一、琐碎的工作。在档案馆工作，尤其是业务技术工作的各个环节中，培养严谨细致、一丝不苟的工作作风，是改进档案馆工作质量，提高档案馆工作效益的前提。

三、知识素质

是指一个档案馆人员应具备的专业知识和其他相关知识。我国已明确肯定档案工作是一项专业工作，档案人员是专业技术人员队伍的组成部分[①]。档案馆作为一个独立的实体，档案馆工作是一项专业性很强的工作，如业务工作中收集、整理、保管、鉴定、统计、提供利用等各个环节均有其科学原理和实际操作技能。此外，由于档案的内容涉及人文与社会科学、自然科学、管理科学、工程技术等方方面面，要对馆藏档案进行科学的管理和加工，充分开发档案信息资源为社会服务，档案馆人员就必须了解和熟悉档案内容，必须掌握档案内容所包括的知识。因此，档案馆人员必须具有一定深度和广度的专业知识及相关知识，一般而言，档案馆工作人员应具备的知识由以下 3 个方面构成：

（一）政治理论知识

档案馆人员要学习马列主义和毛泽东思想，确定正确的立场、观点和方法，以辩证唯物主义和历史唯物主义的原理指导档案馆工作，研究档案内容，保证档案馆事业的健康发展。

[①]　王珬. 中国工商银行吉林省分行营业部人事工资管理系统的设计与实现 [D]. 吉林大学，2015.

（二）基础知识

主要包括：①语文知识。语言文字是档案馆工作，尤其是档案管理工作的基本工具。不具备扎实的语文功底就不能保证档案馆工作的质量，另外，书法功底也很重要。②历史知识。档案是历史材料，档案馆人员应具备一般的历史知识。对档案馆保存档案所针对的历史时期的历史知识，必须有一定程度的了解。③外语知识。随着档案馆馆藏的丰富，档案材料的语种也逐渐增多，这就需要档案馆工作人员具有一定外语水平。此外，外语是档案馆进行对外交流的工具，掌握这一工具，对于宣传和扩大我国档案馆的影响，学习国外档案馆的先进理论和技术，有积极的作用。

档案馆人员只有具备扎实的基础知识，才能熟悉和掌握档案形成的特点，正确揭示档案内容并以简练准确的文字表达出来，有效地开发利用档案信息资源。

（三）档案学知识

档案馆人员应系统地学习和掌握档案学知识。档案学的理论来源于档案工作实践，档案工作实践又迫切需要档案学理论的指导。作为档案馆工作者，要解决他在工作中所遇到的问题，就需要有较高的档案学理论和知识水平，即以档案学原理指导日常的档案馆工作。另一方面，将工作中出现的新现象、新经验上升到理论的高度来认识，在实践中不断总结、补充、发展和完善档案学的理论体系。作为档案馆的业务人员，应对档案馆学、档案学、档案管理学、科技档案管理学、档案保护技术学、文献编纂学、文书学、档案分类学等有较全面、深入的了解；对于档案馆管理者而言，也必须具有档案学、档案馆学的专业知识，才能适应档案馆工作专业性的要求，不断提高档案馆工作整体水平，从而实现档案馆管理的标准化、现代化。

（四）相关专业知识

档案馆工作涉及范围广泛，知识门类繁多，特别是在现代科学技术高度分化、高度综合的背景下，仅有档案学知识是不能够胜任档案馆工作的。此外，档案馆馆藏档案内容丰富，要在档案收集、整理、保管、编研、提供利用的过程中进行正确的分析、研究，正确判断档案的价值，发挥档案的经济效益和社会效益，就必须熟悉档案内容，了解档案内容中所涉及的知识。英国利物浦大学档案馆馆长库克（MichaelCook）认为，档案工作人员要具有情报学、历史学、印刷学、方志学、档案保护学、图书馆学、法律学、社会学、建筑工程学、管理科学、教育学、出版学、语言学等广博的知识面。这些方面的知识在档案馆实际工作中各有侧重，并且应有不同人才进行不同组合才能实现。

四、身体素质

健康的体魄和充沛的精力是档案馆工作人员发挥才能、做出贡献的前提条件。从档案馆目前的具体情况看，不仅有脑力劳动，也有大量的体力劳动，档案馆的档案接收、整理、保管等基础工作，更是脑力劳动和体力劳动兼而有之，所以没有良好的身体素质是无法胜任的。良好的身体素质是档案馆工作效率的保证，因此，在档案馆人员应具备的素质中，身体条件是重要的条件。

第三节 档案馆人员的群体结构

一、档案馆人员群体结构的含义

（一）档案馆人员群体结构概述

群体不是个体的抽象的数学总和，也不是简单的个体集合，而是一个整体。它是具有一定的组织规律的有机组合，它建立在其成员相互依存和相互作用的基础上，并有特定的群体目标。

结构，组成一个整体的各个因素之间稳定的相互联系。任何事物都有其结构。一定的结构，可以使组成事物的各个因素发挥它们单独不能发挥的作用；相同的因素，由于结构不同，可以形成不同的事物；合理的结构会推动事物的发展，而不合理的结构会阻碍事物的发展。

档案馆人员的群体结构，也称人才结构，是指档案馆系统中各类人员的构成状况。

（二）档案馆人员群体结构与个体素质的关系

档案馆人员群体结构由档案馆人员的个体素质组成，它是全馆人员的思想意识、业务水平、智慧与能力以及体力的综合表现。

1.档案馆人员个体素质的差异是建立群体结构的前提

档案馆人员个体素质的差异既有自然因素又有社会因素，既有生理因素又有心理因素。归纳起来，主要有以下几个方面：①年龄差异。不同年龄的工作人员在智力、能力、精力、工作经验以及对待工作、生活的态度和价值观念上都有较大的差别。②知识水平的差异。表现为档案馆工作人员在所受教育的程度以及直接和间接获得的专业知识及相关知识的数量上与内容上的差异。③智能差异。这种差异即综合运用知识的能力上的差异，包括自学能力、研究能力、思维能力、表达能力和组织能力等。这种差异表现在质的方面，就是具有不同类型的智能；表现在量的方面，就是具有不同的智能水平。④性格差异。档案馆人员在气质性格上也具有很大差异，如肯定型（积极型）、否定型（消极型）、内向型、外向型及折中型。对于档案馆来说，应正视人的个体素质差异，使档案馆人员在年龄、知识、智能、性格气质上互相补充，相得益彰，适应档案馆不同工作内容的要求。

2.档案馆人员的群体结构并不是个体素质的简单相加

群体结构取决于将个体素质按照一定的方式、一定的比例组合成最佳结构，使全馆不同层次、不同类型的人才，都能放在最适宜的岗位上，各得其所，各尽其能，以调动一切积极因素[①]。此外，群体结构并不是一成不变的，由于其构成因素的运动，又由于外界环境的影响，群体结构是不断发展变化的，档案馆人员群体结构也是可以有意识地加以改变的。

---

① 李婷婷.企业电算化会计档案管理研究[D].云南大学，2016.

二、档案馆人员群体结构划分

档案馆人员的群体结构是一个多序列、多层次、多要素的综合体。群体结构可分为不同的方面，如职类结构、专业结构、知识结构、智能结构、年龄结构等，群体结构就是这些方面的有机组合。

（一）职类结构

指档案馆内从事不同职能活动的人员数量、比例及相互关系。档案馆人员包括管理人员、业务技术人员、后勤辅助人员三大类。档案馆作为一种科学文化事业机构，在人员构成上以业务技术人员为主，以保证档案馆各项业务工作的开展。同时，必须有一定数量的管理人员和后勤辅助人员对业务技术人员及其活动加以组织、管理和给予各方面支持，因此，这三类人员必须有合理的构成比例。如《地方各级档案馆人员编制标准》中规定，在生活后勤工作独立的档案馆可按不超过业务人员的20%增加编制。档案馆如果单独管理人、财、物，专业人员与行政人员的比例，一般可为5：1。

（二）专业结构

档案馆人员的专业结构，指为档案馆进行业务工作所需要的专业职务的构成。其专业结构，不是由档案馆中各成员都具有同等的专业水平组合成的平面结构，而是由高、中、初级不同知识水平的人，按一定比例构成的立体结构。按照国家档案局制定的《档案专业人员职务试行条例》，为了与档案馆所承担的工作任务相适应，档案馆高、中、初级档案专业职务的限额应有合理的比例，从而为建立档案馆合理的专业结构提供了依据。其中高级档案专业职务指研究馆员和副研究馆员，中级指馆员，初级指助理馆员和管理员。

一般而言，档案馆人员专业职务构成可以呈梯形，即初级专业职务为多数，中级专业职务次之，高级职务较少。随着档案馆事业的发展，也可以形成纺锤形，即高级和初级专业职务较少，而中级专业职务居多。

（三）知识结构

知识结构，是指档案馆内具有不同知识背景、知识水平的人才的组成状况。根据档案馆类型及档案馆内管理及业务活动的特点，不同的档案馆要网罗具有不同知识、技能的人才，从而构成合理的整体知识结构，适应档案馆工作的要求。一般而言，档案馆除应有足够的档案专业人才外，还应有历史、现代科技、外语等不同学科人才。如就我国目前状况来看，大型综合性档案馆往往保存有较大数量的明清档案或革命历史档案，历史档案管理及档案编纂方面的任务比较突出，因此，需要一定数量的具备历史知识的人才；而科技档案馆则需要具有科学、工程技术方面知识背景的专业人才。如果馆藏中有一定数量的外文档案，则要求档案馆人员还需具备相应的外语知识和水平。

（四）智能结构

智能结构是指具有不同智能类型和不同智能水平的人才在档案馆中的合理配置。一方面，组织中智能结构的最佳组合并不是同一智能类型的人才的组合，而是不同智能类型的人从事不同的工作，如让善于组织的人员从事管理、协调方面的工作；让擅长研究的人员从事史料研究及编纂；让条理性强，仔细认真的人从事常规性工作，如按照较为固定的程序和标准对档案文件进行整理、编目、借阅以及库房管理；让思想活跃、不墨守成规的人从事非常规性工作，如咨询服务等。另一方面，还要注意使智能水平不同的人处于不同级别的工作岗位上，注意将具备不同智能的人员搭配好，将减少内耗，使整体功能得到有效增值。

（五）年龄结构

年龄结构是指老年、中年、青年组成的综合体。不同年龄的人常常具有不同的智力水平和心理特征，年轻的档案馆工作人员思想活跃、精力旺盛，容易接受新思想、新技术，不局限于传统、常规，但往往缺乏实际工作经验，价值取向不稳定；中年人思维敏捷，精力充沛，处于智力和能力充分发挥的最佳时期，是档案馆工作的骨干；老年人具有成熟的人生观和丰富的工作经验，但较为保守，不易接受新的观念。建立合理的年龄结构，应根据不同年龄的档案馆人员在知识水平、工作经验、心理特征等各方面不同的特点，适当调配老年、中年、青年的人员比例，使不同年龄的工作人员都能充分发挥其能力，愉快地工作，和谐地相处，并适应和体现出档案馆工作不断发展、连续过渡的要求。

第四节　档案馆人员的培养与教育

档案馆人员的培养和教育，是档案馆人员管理的重要内容之一。主要包括两个部分：一是学校教育，也可称为"一次性教育"，包括档案高等教育、中等教育等形式；二是在职教育，包括继续教育和全员培训。1985 年 6 月，国家教育委员会和国家档案局在四川省联合召开全国档案学专业教育改革座谈会，讨论通过了《关于发展和改革档案学教育的几点意见》，提出了"积极稳妥地发展高等教育，有计划地大力发展中专教育，积极发展在职教育，合理调整教育结构"的方针，为我国档案馆人员的培养与教育指明了方向。

一、档案馆人员培养和教育的目的和原则

（一）培养和教育的目的

档案馆人员培养和教育的主要目的有两个：

1.知识的获取与更新

现代档案馆工作及管理过程中广泛地运用了先进的科学技术知识，档案馆人员可以在工作前的学校教育中获取这些知识，也可以在工作中不断地补充和更新。

2. 能力的发展

档案馆工作是专业工作。为了有效地从事这项工作，档案馆人员必须具备职业要求的基本能力，如基本素养、基本技能等，并在职业活动中不断提高其能力。

（二）培养和教育的原则

1. 教育和培训系统的结构应与职业结构相一致

档案馆人员的教育结构与层次应适应档案馆工作岗位结构与层次的需要，这样才能做到人尽其才，才尽其用。

2. 按需施教，学用一致

教育和培训的内容应从档案馆的实际出发，普及与提高并举，达到系统性与更新性相结合。

二、档案专业的学校教育

档案专业的学校教育是培养档案馆人才的主要渠道。目前，我国的这一系统包括高等教育和中等教育两个层次。

（一）档案高等教育

从培养方式上来说，档案高等教育主要有博士生、硕士生、本科生、大专生四种类型。

1. 博士生

博士教育主要培养档案理论技术研究的高级专门人才。博士生学制3年，学习期满后通过论文答辩获得博士学位。

2. 硕士生

硕士生教育培养档案学理论技术研究和教学的专门人才。目前，我国档案硕士生教育分为两种情况：第一种是硕士研究生，学制3年，学习期满后，通过论文答辩获得硕士学位。第二种是研究生班，学制2年，在校学习期间不作毕业论文，不授予硕士学位，但是享受研究生待遇。

3. 本科生

本科生教育培养高级档案管理和技术人才。学制4年，学习期满后通过毕业论文答辩，授予学士学位。近年有的院校实行"双学位制"，即毕业生同时获得档案专业和其他专业两个学士学位。

4. 大专生

档案大专生培养高级档案专业技术应用人才。学制2至3年，按招生、分配和管理体制分两种：第一种是经教育主管部门批准在正规大学办的大专班，第二种是地方政府或主管部门批准在社会大学所办的大专班。

（二）档案中等教育

档案中等教育包括档案中专教育和档案职业高中教育两个方面。

1.档案中专教育

学制 2 至 4 年，培养从事档案管理工作的中、初级技术人才。招收对象为初中生，学习普通高中文化课程以及档案专业基础知识和档案业务基本操作技能，毕业后到档案部门从事档案管理工作。档案中专是近年档案教育发展的一个重要方面，因此全国各地普遍开办了档案中专教育。

2.档案职业高中教育

学制 3 年，为本地区培养从事档案管理的一般技术人才。招收对象为初中毕业生，在校学习文化课和档案专业基础课，毕业后由档案部门择优录用。

这些不同层次、不同类型的档案专业为档案事业，包括各级各类档案馆培养了大量专门人才。我国档案馆专业人员队伍在 80 年代有了较快发展，在 90 年代初期初具规模，专业人才培养与需求之间的矛盾逐步缓和，这与我国档案专业学校教育的发展和完善是密切相关的①。此外，档案专业的学校教育，也为今后档案馆专业人员的补充提供了保证。为了档案馆各项工作顺利进行，档案馆专业人员的素质必须有保证，即进入档案馆从事业务工作的人员，必须有规格，有标准。档案专业的学校教育，为档案馆提供了人才基地，为保证档案馆新增工作人员的高质量提供了条件。

三、档案馆人员的在职教育

在职教育是现代档案教育体系的一个十分重要的组成部分。虽然我国档案学校教育已发展到一定规模，但所培养的档案人才远不能满足档案馆事业发展的需要，在档案馆人员中还有相当一部分没有受过专业教育。因此为了提高现有档案馆人员的素质，改变档案馆人员的专业知识结构，有必要开展在职教育。特别是随着我国档案事业的发展，档案工作现代化程度的提高，现有档案馆人员知识更新日趋加快，在职培训就显得越来越必要和紧迫。

继续教育和全员培训是在职教育的两种基本形式。1993 年中共中央、国务院制定的《中国教育改革与发展纲要》中指出："把岗位培训和继续教育作为发展的重点，重视从业人员的知识更新。"其中"岗位培训"是全员培训的一种形式。

全员培训与继续教育的区别在于：就培训内容而言，全员培训是以基础性、资格性的达标培训为主，而继续教育则是以更新、拓展、加深知识的提高教育为主。因而，就目的而言，前者的目的是为满足上岗、转岗等岗位工作的需要，而后者除了要满足岗位工作的需要外，还要适应科学技术的发展需要，不断拓宽专业技术人员的工作领域，以更好地发挥他们的才智和潜能。

（一）档案馆人员的继续教育

继续教育是整个人才教育培养体系中的重要组成部分，是解决档案馆在职人员学历的主要形式。它主要由各类成人教育机构来组织管理，如业余大学、夜大学、干部进修学院、电视大学、函授学院等。各类办学形式都有明确的培养目标，学制 2 至 5 年。课程设置以政治

---

① 苗欣 . 企事业档案管理业务外包研究 [D]. 北京林业大学，2016.

理论和档案专业课为主，辅以文化基础课和外语，并根据需要开设一些专题讲座和选修课。学历多是大专层次，也有的是本科层次。参加学习的档案人员大多不脱产，即利用工余时间学习。有的半脱产，占用少量的工作时间上课，利用业余时间自学。

在对档案馆人员的继续教育中，要注意针对档案馆业务工作特点设计教学内容。教学中既要有更新、提高性质的，如档案馆工作现代化、标准化、法制化等方面的内容，也要有补充性质的，如近年来国内外档案学、档案馆学研究的新成果、新知识等内容。

（二）档案馆全员培训

全员培训是利用较短时间对在职人员实施的档案教育，它以使档案馆人员及时获得必要的知识、技能、经验或更新思想观念为主要目的。其特点是：周期短、见效快、针对性强、实用性高，是大规模地培训档案馆人员的有效途径。因此，各级各类档案馆广泛采用全员培训方式来提高现有档案馆人员素质，达到优化人员群体结构，提高档案馆工作效率的目的。

从内容上看，全员培训可分为：①政治理论与思想道德培训。主要内容是学习马列主义哲学、近代史、中国革命史、党史、党和国家有关方针政策，宣讲职业道德等。②岗位专业知识培训。培训内容根据档案馆不同工作岗位实际需要，依照职位、专业、层次的要求来安排。

从培训对象上看，分为管理人员、专业人员及辅助人员培训三种形式。对档案馆管理人员，一般以提高理论水平，掌握档案学及档案馆学理论、方法、技术的发展动态以及提高解决实际问题的综合能力为主要内容。对档案馆专业人员，则是进行适应性训练，以使其胜任本岗位工作，对辅助人员，则是提高实际工作能力，强化劳动纪律。

从形式上，可分为：

1. 业务培训班

是普及档案馆业务知识的学习班，是全员培训的一种主要方式。培训班不受时间、地点限制，培训内容灵活而结合实际，能在短时间内使学员掌握档案业务理论和工作方法，是常见的档案人员培训方式。而且凡缺乏专业知识的档案馆人员都可以参加。

2. 业务讲座

一般按专题组织。根据档案馆工作实际，将某一专题的理论与实践两个方面结合起来加以深入浅出的讲解，具有较强的针对性和普及性。

3. 业务报告

有针对某一业务问题，尤其是带有普遍性的疑难问题的专题报告，也有评述介绍某一学术研究课题的研究成果的学术报告，它有助于档案人员对某一具体业务或学术问题的了解。

4. 业务理论研讨班

这是针对某一专题或某一研究方向而组织的较高层次的培训方式。参加学员为具有一定研究能力的业务骨干。定期或不定期举办专题业务理论研讨班，使业务骨干互相交流，沟通信息，共同研讨，有助于推动档案科研活动深入开展。业务理论研讨班是提高档案人员理论水平和业务能力的一种有效方式，一般要求写出研讨报告或研究论文。

5. 在职进修

选送在职档案馆人员到有关高校和档案馆进修档案基础知识，或深造某一专题理论和操作技术，以提高业务能力。

6. 岗位培训

是按照档案馆工作所设不同岗位的任职要求，针对在职档案馆人员的不同年龄及不同文化程度所进行的定向培训活动。目的是提高现有岗位档案馆人员的实际任职能力。对工作人员进行继续教育和在职培训，是保证工作人员具有良好素质的战略措施。每一位具有远见的档案馆领导者都应十分重视这一工作，并在工作安排、学习时间、学习经费、福利待遇等方面给予受继续教育的工作人员以方便，真正为他们的学习创造有利条件。

第八章　档案编研的创新研究

第一节　从供给侧视角谈档案编研

经济社会领域存在"供给跟不上需求"的突出矛盾，明确提出在适度扩大总需求的同时，着力推进供给侧结构性改革，以需求引领供给侧结构性优化，满足人民群众对美好生活的向往。这一重要论断不仅是经济社会改革的重要指导思想，而且对档案工作健康发展同样具有重要指导意义，对档案编研工作改革提供了崭新思路。如何围绕服务与需求，满足社会和人民群众多层次、多样化需要，加快档案的开发编研，增加编研产品的有效供给，促进档案资源供给与需求的平衡，实现编研工作的新突破和新发展，这是摆在档案工作面前急需解决的问题。

一、档案编研工作供给侧结构的现状

档案编研是指档案人员按照一定的主题，通过对原始档案信息进行收集、筛选、研究、加工，形成编研成果，是对原始档案信息的提炼和升华，是档案部门开发利用档案信息主动为社会服务的重要方式。目前档案编研工作普遍存在供需结构性失衡，供给不充分，不平衡，主要表现在以下几方面：

（一）从供给理念上看，服务意识不到位

改革开放前，我国档案基本不对外开放，主要用于内部查阅。在相当多的人眼里，档案馆是一个神秘的官方机构，档案很大程度上是为单位服务多，为一般公众服务少，而且供内部使用多，向社会开放利用少。在整个利用过程中档案工作者处于一种防和守的被动地位，担心泄密，害怕丢失，是一种"守株待兔"式的等候提供。这种重收藏轻开发、重保管轻利用的观念严重制约着档案的编研与使用。档案部门形成了一种传统，认为编研工作可有可无，缺乏长远规划，甚至没有列入工作计划，更谈不上资金投入、条件改善，编研的主要任务仅满足于完成上级指标，基本停留在低端汇编上。如文件汇编、大事记等，选题封闭，体裁单一，深层次、个性化、多元化的编研成果少之又少，不是主动提供有效供给，而是有意抑制社会需求。

（二）从供给内容看，编研成果质量不高

档案编研包括编辑和研究两部分，只有遵循存真求实、编以实用的原则，以编促研，以研带编，以编推用，才能高度优化显示信息，深入挖掘潜在信息，以此提高编研质量和水平。

然而，由于观念落后、人员素质偏低等，档案工作的重心集中在整理立卷和收藏保管上，只是因为达标升级及迎接各类检查评估时，才临时抱佛脚，完成硬性任务，编写上级明确规定的、要检查的材料，完全是为编而编，编而不研，编而不用，编完了检查完了就束之高阁，导致编研成果数量不多、质量不高、实用性不强、利用率低下，缺乏深度、广度和高度，无法体现不同单位、不同部门的行业特色和专业特色，而且编研成果的科学性、时效性、针对性等特征都难以实现。

（三）从供给方式看，编研载体、服务模式单一

传统的档案编研工作主要集中在对馆藏资源按照特定的选题进行收集遴选、发掘加工、编纂出版，编研成果基本都是纸质承载物或者橱窗等宣传栏，利用者需自行上门阅览，往往手续烦琐，还要受对外开放时间、场地、设备等的制约，服务模式单一、落后，限制了档案信息价值的即时发挥。到互联网时代，人们已习惯于跨越时空，随时随地搜索、浏览信息，信息资源的开发、利用、传播、共享应以数字资源为主，编研工作应逐步从有形实体向虚拟网络转变，编研成果以磁质、光盘、多媒体、网络等载体呈现。这些新型载体可以凭借网络优势，在极短时间里、极广范围内传播数字信息，利用者可以免去往返奔波劳顿，冲出时间和空间的樊笼，足不出户就能"百度"到所需，从而实现档案信息资源共享最大化[①]。

（四）从供给保障看，编研人员素质偏低

档案管理部门受传统利用模式影响，机构设置落后，不少单位没有配备专业人员从事开发和编研工作，往往是在配合某项重要活动时，才启动专项编研工作，临时安排人员突击完成编研任务，编研工作和人员都具有临时性特点。这些犹如过客的人员往往身兼多职，身处多岗位，专业性不强、业务不精，缺乏对档案信息进行深层次研究和持续开发的能力，编研产品很难满足社会多元化和系统化需求。另一方面，对计算机技术、多媒体技术以及数码影像技术等新技术的熟悉度不够、应用程度不高，缺乏将档案信息制作成图文并茂、可读性强、适合新媒体传输利用的能力，影响了档案信息即时、广泛传播。

二、档案编研工作供给侧改革途径

档案编研工作的供给侧改革即立足开发利用，从编研产品的有效供给入手，以满足不同需要为目标，以网络新技术为手段，更新工作理念，拓宽工作领域，创新工作方法，创建编研品牌，打造编研精品，做到为现实利用者提供更多优质、高效的编研产品，为潜在利用者开拓新领域、新产品，真正承担起资政襄政、传播文化、繁荣科研、发展经济、宣传教育的历史重任。当前可以着力抓好以下工作：

（一）树立大服务意识，创新编研理念，加快供给侧改革步伐

首先，更新编研观念。档案编研是档案工作的重要组成部分，编研成果是档案工作者集体智慧的结晶，为档案工作起着锦上添花、画龙点睛的作用，不是可有可无、想做则有、不

---

① 崔小屹，韩青.用数据说话：大数据时代的管理实践[M].北京：北京大学出版社，2013.

想做则无的。必须做好战略规划，做好顶层设计，将编研工作纳入年度计划，与收集整理等工作同部署、同落实、同检查、同考核，用制度来保证和推进编研工作有序进行、持续开展，通过制度供给引领编研工作健康发展，补齐档案公共服务短板。

其次，树立大服务意识。围绕中心、服务大局、满足需要是档案编研的根本宗旨。随着经济社会的快速发展和人民生活水平不断提高，人们档案意识不断增强，对档案的需求领域不断扩展、需求层次不断提升、需求方式不断升级，不仅需要档案自然产品，还需要加工后的档案衍生产品。如：近年来出国深造的人数逐年增多，学生学籍卡、成绩单、录取名册等利用率直线上升。这些材料分布在不同类别不同案卷中，处于碎片化的、离散的状态，查阅起来往往工作效率不高，服务结果满足不了利用者的需求。编研工作者必须转变传统的"末位"观念，树立先行意识，主动作为，让沉睡的档案醒过来，让醒过来的档案站起来，让站起来的档案走出去，把档案库变成思想库、智慧库；增强工作的敏锐性，以贴近社会、服务公众为出发点和落脚点去捕捉社会热点、焦点和难点，才能编出更多更好更出彩的益智、益心、益德、益生的文化精品和拳头产品，让会说话的档案再现历史、佐证历史、说明历史，使历史不断，记忆不散。在满足社会各界获得感的同时，做到既保护档案原件，有效化解利用与保护之间的矛盾，又赢得社会公众的信任度和美誉度，不断提高档案工作服务经济社会、服务广大人民群众的参与度与贡献度。

（二）树立大档案意识，强化编研质量，丰富供给侧内容

提高编研质量，丰富编研种类，要始终贯穿三个意识。一是大档案意识。坚持创造性转化、创新性发展，从档案里找线索，开发档案文化产品，举办陈列展、档案史料汇编、拍摄档案专题片等，让事件回放，故事重演，将死档案变成活教材、活素材、活参谋和活依据，传播正能量；二是需求意识。对不同群体的需求进行调查、分析、研判，既要贴近中心工作，为经济社会发展提供文献支撑；又要立足市场，系统、深度、精准地挖掘、传承、弘扬档案文化中蕴含的思想观念、人文精神、道德规范，满足多样性需要；三是精品意识。倡导讲品位、讲格调、讲责任，坚持思想精深、艺术精湛、制作精良相统一，抵制低俗、庸俗、媚俗，不断推出知识含量和科技含量俱在的精品力作。

创新编研主体是提高编研质量的有效途径之一。要努力改变封闭、被动、关起门来独立搞编研的模式，运用协同共享思维，营造与社会共商、共编、共建、共享档案信息的格局。根据编研工作的深度和广度，适时推向社会，推向市场。打破条条框框，突破地域、馆际界限，实行行业或跨行业联合方式进行编研。这样不仅能解决单个档案馆馆藏信息不够全面系统及资金短缺、场地不足等问题，还能集百家所长，形成百花齐放、百家争鸣的档案文化繁荣景象，激发档案文化创造力，增强编研成果的社会效应。如：深圳市档案馆广泛与社会各界合作，先后编撰了《明清两朝深圳档案文献演绎》《民国时期深圳档案文献演绎》等系列丛书，这些史料书籍深受社会各界的欢迎，赢得了较高赞誉，在发挥档案的公共服务功能方面做出了榜样，有效地彰显和提高了档案编研工作的社会地位和影响。

（三）树立大开放意识，构建互联网＋档案平台，拓展供给渠道

随着现代信息技术的快速发展，档案利用者的公共性在虚拟世界得到很大扩展，从馆查用户向网络用户辐射，也就是说档案编研信息服务对象不再局限于来馆利用者、本地利用者、本国利用者，而是以互联网＋的形式扩展到全球用户。利用方式从实体查阅逐步向在线查阅和离线查阅倾斜，首先要做好档案编研数字化工作，构建网络编研平台，使编研成果展示和利用手段愈加多样化。一则，依靠网络实现档案信息资源的研究、编辑、传播和反馈的全过程，建立数据库，形成新的编研成果，确保增量成果电子化。二则，将已有的编研成果按利用频率高低分期分批进行扫描、录入等方式转化为数字信息，实现存量产品数字化。

其次要完善档案利用体系，做好网站和新媒体建设，使之成为公众及时准确地利用档案信息的重要平台。目前要突出抓好三大功能建设：一是编研信息发布功能，促进档案信息有效供给。在保证档案利用安全的同时，将编研信息及时上网发布，对现实利用者实现精准推荐，对潜在利用者进行有效宣传，促进信息消费观和消费方式变革；二是交流与沟通的互动功能，做好信息反馈工作。设置互动平台，疏通档案信息需求表达渠道，形成供给与需求的良性循环，防止信息服务供给与需求的错位和失衡；三是查阅利用功能，优化编研信息供给方式。克服传统利用模式的弊端和障碍，积极开发档案门户网站、微信公众号、微博、APP等新媒体，构建"一站式"服务。同时要简化利用程序，注意界面布局合理，让利用者查找信息便捷快速，方便使用、下载打印，提高用户对查阅利用服务的满意度。

（四）树立大素质意识，打造专业队伍，为供给侧提供人才支撑

档案编研工作是一项复杂的脑力劳动，具有较强的专业性。编研成果的质量好坏、高低直接由编研人员的职业素养和专业能力决定，高素质的人才队伍是提高编研水平的基础和核心，是推动编研工作持续向前发展的深层次动力。档案部门必须重视编研人才队伍建设，以进一步打造档案业务知识和科学文化知识兼备，且能够适应档案管理现代化和信息化要求的创新型编研人才队伍，更好地为编研工作供给侧改革提供足够的人才支撑。

做好这项工作尤其要注意以下环节：一是选人用人环节。选好队伍是做好编研工作的基础，要选用政治过硬、责任过硬、能力过硬、专业对口、有较强的文字功底和科研能力、有强烈的事业心和开拓进取精神的干部从事编研工作，在性别、年龄方面形成合理的梯队结构，使之充满生机和活力；二是继续教育培训环节。目前知识更新加速，新技术新手段层出不穷，加强培训是提高编研水平的重要手段，要定期进行专业培训和轮训，从而充实和改善人才队伍的知识储备。让他们进行档案专业知识及相关业务知识的再教育，拓宽知识领域，增强信息开发能力。进行学习现代化管理技能、新媒体技术，如数字化技术、信息存储技术、网络通信技术等，使多种操作技能与专业知识相得益彰，更好更快地适应互联网＋档案的新业态、新变化；三是充分发挥人才作用环节。要充分发挥人才作用，保持人才队伍的稳定，使广大专业人才热爱编研工作，专心编研工作，以优质专业的服务为职业荣誉和职业理想。一支高素质而稳定的人才队伍是做好编研工作的坚强后盾，能使档案编研开发工作达到事半功倍的效果。

档案编研工作以其开发档案信息的主动性、提供信息的集中性、系统性、科学性和实用性等突出优势，成为档案工作、档案馆、档案人主动参与和提供公共服务的重要方法和手段。编研工作者要从供给侧入手和发力，以需求为导向，积极推进编研供给侧结构性改革，在满足社会需求，为人民群众美好生活提供服务的同时，进一步推动社会主义文化繁荣，展现档案文化的独特魅力和时代风采。

第二节　文化建设背景下档案编研

文化是国家、民族发展的不竭动力，文化事业的繁荣发展将极大地提升国家软实力。档案是优秀文化传承的有效载体，而档案编研工作是深入挖掘文化内涵、传承文化的重要工作。在国家加强文化建设、倡导文化自信的背景下，探究档案编研工作的有效路径是适应新形势发展，因此推动档案文化事业发展的必然要求。

一、文化视角下档案编研工作的研究现状

政府工作报告中提出"要弘扬中华优秀传统文化，继承革命文化，发展社会主义先进文化"、"繁荣文艺创作，发展新闻出版、广播影视、档案等事业"。可以看出，档案事业在推动国家文化事业发展上发挥着重要作用，为适应文化强国的建设需要，要切实加强档案编研工作，编纂出版一批优秀档案文化产品，实现优秀传统文化、革命文化和社会主义先进文化的传承与发展。

国内学者已经意识到档案编研工作对于文化建设的重要性并对此进行了一定的探究，但从整体上分析，研究成果相对较少，成果均以问题为导向，遵循"问题—对策"的研究思路，能够为后来者的研究提供借鉴。本节笔者拟在理清文化建设与档案编研关系的基础上，分析当前档案编研存在的问题，并结合文化建设的背景，从编研选题、编研主体、成果形式及成果共享等方面探究档案编研工作的新思路。

二、文化建设与档案编研工作的关系分析

从字面意义分析，文化建设与档案编研联系程度不够紧密，但深入分析两者的内涵，可以发现，两者是相辅相成，相互依托的，具体体现为两点：

（一）文化建设为档案编研工作的开展提供了契机

政府工作报告中明确提出"推动中华优秀传统文化创造性转化，创新性发展，继承革命文化，发展社会主义先进文化"、"加强文物保护利用和文化遗产保护传承"。国家层面高度重视文化建设，关注优秀文化的传承与发展，档案是最原始的记录，承载着最为丰富的文化内涵，是文化传承的载体。当前，社会公众的档案意识薄弱，借助国家推动文化建设的契机，编辑出版一系列文化类档案作品，一方面是响应国家号召的重要举措，另一方面也能在很大程度上推动档案事业的发展，可以极大地提升档案的社会影响力。

（二）档案编研工作为文化的传承发展提供了载体

文化是一个抽象概念，其传承与发展需要以物质为载体，档案本身就是文化发展的一个有效载体。而档案编研是以档案原始内容为依据，对档案资源进行加工后以多种形式呈现文化内涵的工作。传统上，档案编研成果一般以纸质出版物为主，其受众有限，但在"互联网＋"时代，档案编研成果呈现出多元化的发展特点，如纸质出版物、视频音频文件、网络作品等。此外，得益于自媒体的发展，档案编研的受众范围得到了极大的扩展。多元化的编研载体加上扩大化的受众面积，能够有效地推动文化建设进程。档案编研，通过对中华优秀传统文化、革命文化、先进文化的深入挖掘，能够帮助公众加深对各类文化的理解，增强文化认同，引导党员群众坚定"四个自信"，积极投身新时代的伟大实践[1]。

三、档案编研工作存在的问题分析

在国家大力倡导文化建设的背景下，档案编研工作面临新的机遇与挑战，当前，档案编研工作已经取得了一定的成果。但从其服务文化建设、推动文化传承与发展方面仍有需要提升的空间，具体而言，体现为以下几个方面：第一，编研形式有待进一步丰富，丰富档案编研形式是提升公众关注度，扩大编研作品受众面积的有效手段。从现有的编研成果形式来看，成果形式不够丰富；第二，编研程度有待进一步深化，编研成果可以分为一次文献、二次文献和三次文献。当前，编研成果以一次文献为主，二次、三次文献较为少见，编研工作中存在只"编"不"研"的问题；第三，编研队伍有待进一步完善，组建学缘结构合理、团结协作的编研团队是编研工作能否有效开展的重要保障，当前的档案编研队伍存在编研主体意识相对薄弱，编研主体相对单一，编研主体文化背景相对欠缺等问题。进而这导致在文化产品的编研开发时缺乏有力的背景支撑；第四，编研成果有待进一步推广进入"互联网＋"时代，信息传播速率得到了有效提升，但是由于公众档案意识薄弱，宣传渠道不畅通，资金投入不充足等问题档案编研成果的宣传力度仍比较弱，成果的影响范围和社会反响不大。

四、文化建设视角下档案编研工作的新思路

（一）拓展编研选题

选题是做好编研工作的第一步，在整个编研工作中占据重要地位，为推动文化建设，实现文化自信，编研选题可以考虑两个因素：

1. 以重要历史节点为依托

历史节点是总结过去、展望未来的契机，档案机构围绕重要历史节点开展档案编研选题，能更好地引起公众的关注与共鸣。譬如，2015 年是纪念反法西斯战争胜利 70 周年的重要节点，国家档案局就联合俄罗斯联邦档案署开展《中苏联合抗击法西斯胜利 70 周年档案展》。又如，江苏省档案馆和徐州市档案馆联合公布馆藏抗战档案史料，并编辑出版《中华抗战期刊丛编》大型档案文献。以重要历史节点为依托开展档案编研选题，既符合国家、公众的需求，又能

---

① 付建忠. 大数据时代档案工作的机遇和挑战 [J]. 机电兵船档案，2014（04）：19-22.

以此挖掘档案内含价值，达到双赢局面。今年是改革开放 40 周年，中国网就联合国家档案局、中央档案馆开展"让历史告诉未来——改革开放四十年档案影像征集"回顾改革开放以来的历史变迁。明年是建国 70 周年的重要年份，各级各类档案机构可以提早谋划，从小的角度切入，拟好选题逐步开展相关工作。

2. 以地方文化特色为基础

因历史发展、区域经济发展的差异，各地区的文化均具有其特色，各地区档案机构应结合区域文化特色开展档案编研工作，选题以地方特色文化为基础，凸显个性。以湖南省档案局为例，在档案局官网上开设网上展厅模块，通过图片＋文字的形式将湖南优秀文化、优秀人物进行展览，如《湘魂——湖湘人杰与近现代中国》展览，通过 350 余幅照片与图表，对 170 余人的业绩进行展示，再现了湖南优秀人物的优秀事迹，使湖湘文化精神内涵得以发扬传承。此外，《江永女书文化展》这一成果是在前期的调查、研究与征集的基础上，举行主题展览，旨在向世人展示女书深厚的文化内涵和独特的人文魅力。

（二）丰富编研形式

前文提到当前档案编研形式主要以纸质文献出版物为主，较为单一，并非对这一形式的否定，受传统思想、阅读习惯及经费限制的影响，纸质类出版物仍将是档案编研成果的主力军。但国家对档案重视与投入的加大，加之编研成本的逐步降低，档案编研的形式将进一步丰富。为更好地迎合大众的需求，有部分机构推出了电视专题栏目，如央视推出的《国宝档案》、北京卫视的记事栏目《档案》等，通过后期的加工制作，以观众喜闻乐见的方式将静态的纸质档案资源"活态化"，能更好地引起观众的共鸣，此外，电视栏目的受众范围广，极大地提升了档案编研成果的影响力。笔者认为，档案机构可以以原始档案资源为题材，开发出品文化类电视剧，但此类成果制作成本高且受众范围相对较小，需要充足的经费支持，因此可以考虑联合多个部门开展，积极引进外部资金。

（三）优化队伍结构

1. 提升编研主体的综合素养

提升编研主体的综合素养，一是指专业素养，可以通过专家讲座，实地学习考察。专题培训特别是针对档案编研工作等方式来逐步提升档案从业者的专业素养。同时，档案机构可以通过精神或物质奖励档案工作者加强研究，改变当前研究意识淡薄的局面。二是文化素养，档案文化作品的编研必然要求编研主体具有较深的文化内涵，编研主体要培养自身的研究精神，提升文化品位，深入挖掘档案承载的文化内涵。

2. 推动各类机构的通力合作

单一的编研主体难以满足当前的编研需求，因此推动各类机构的通力合作是解决上述问题的有效途径。"互联网＋"时代，资源共享程度得以大大提升，为各级各类机构的合作提供了条件。当前，可以考虑三类合作方式来充实档案编研队伍，一是各级各类档案机构间的合作，同一系统内部合作，对编研的主题选择、材料征集、作品结构及业务流程等能够更好地形成共识；二是各类文化机构的合作，博物馆、图书馆、校史馆及民间文化组织等均保存有丰富的文化馆藏，且不同机构的参与人员能激发更多的灵感；三是开展国际化合作，在国家倡导"一带一路"的背景下，与沿线国家与受益国家开展合作将成为今后的发展趋势。

（四）推广编研成果

档案编研成果社会反响较小其主要原因是推广程度不够，要扩大其影响范围，提升社会公众档案意识，还需对编研成果进行大力推广。目前，编研成果的推广方式有以下几种：一是通过网络宣传。各级各类档案机构均建有专题网站，可以依托网络平台对编研成果进行宣传、推广，其推广成本较低且受众面相对较广，在档案工作经费有限的情况下是一种比较合适的方式。二是通过微博、微信、APP等自媒体宣传。上述三种方式是受众面积最广、使用频率最高的传播方式，且互动性较强、能进行即时交流。已有档案机构通过此种方式传播编研成果，如天津市档案馆微信公众号推出的"天津抗日群英谱展播"，展示了我国民众顽强抗日的英雄事迹。三是通过展览宣传。编研展览也是一种比较直观的推广方式，公众可以近距离接触档案史实，可以通过联合各类文化机构开展档案展览，将相关编研成果进行集体展示，使公众全方位了解档案、了解历史。

第三节　文化自信视角下档案编研

档案编研工作实际上是档案文化构建的核心构成部分，也是档案文化构建可否充分适应社会发展的强力保障。将档案提高到文化层面，能够分享档案的凝聚力以及生命力，档案文化创建必须要在已有的基础之上，在文化自信发展的情况下，达到较高的社会文化价值与理想，而这些均需要依托档案编研工作转型发展才能实现。

一、文化自信对档案编研工作的必要性

文化自信乃国家与民族进步的灵魂，是国家和民族与政党对文化价值的肯定、对文化生命力的信念。我国习近平同志在进行档案工作指导过程中表示，要用历史讲话，用史实发言。始终坚持自信，积极推动档案文化建设。在文化自信发展的情况下，档案编研工作可以正常进行，主要是依靠新的形势与优质的条件，因此文化自信对档案编研工作有着其他工作无法比拟的作用与地位，同时还给编研工作带来了一定的发展契机。比如，文化自信促使档案编研工作具有前瞻性、创新性以及适用性。众所周知，人从根源上乃文化的存在物，国家文化自信是该民族成员认识与应付外来事物关系，达到其作为文化存在物与创造文化的基因，所以具备一定的传承性。

（一）为民族复兴提供动力

现下社会不管是共识凝聚还是思想引导，均在于文化引领与凝聚。文化自信可以变成实现民族复兴的中国梦的中坚力量与强大支撑。伴随全球化的持续深入，特别是面对现代与西方文化霸权拓宽长时间占据着人类历史与世界中心的境遇，文化自信非常重要。站在宽广的土地上，吮吸着民族奋斗累积的文化养分，拥有十几亿中国人民聚集的庞大力量，要走自己的路，有广阔的舞台与深厚的历史底蕴，还有非常强大的前进动力，中国人民有信心，并且必须要有信心。在促使中华民族复兴的过程中，档案工作人员需要承担全新的档案编研工作开发运用的文化使命，由文化和国家的命运密切相连的角度认识文化，坚持文化自信，在新形势下的档案编研中推动文化进步与发展，给振兴中华提供精神驱动力。

（二）文化自信内涵丰富

文化自信从远古时期就有了，倘若不存在对这部分档案文化价值的肯定，不具备基础的文化自信，就无法开发出令人震撼的以及有情义的产品。用人勿疑，需先自行，只有充满文化自信，才可以在档案编研之中从容淡定，奋发向上，开发出创新的成果。我国王阳明与鲁迅先生的大道即人心与灵台无计逃神矢等，均表现出了文化自信精神。我国习近平同志表示，文化兴国运兴，文化强则民族强。如果不具备一定的文化自信，不存在文化的繁荣兴盛，那么就不存在民族复兴。文化自信来自古成于今，不但根植在民族文化土壤中，同时也在传统文化历史积累中，来源于现下中国特色社会主义快速发展，来源于中国梦①。现代社会发展，如若将来一个政党、国家与民族可以自信，则中国共产党、中华人民共和国、中华民族最自信。因此文化自信可以去粗取精，促使档案编研工作合理开发使用。

二、文化自信视角下档案编研工作现况

（一）档案编研深度和广度缺乏

档案编研成果无论是在深度、高度与广度上均相差很大的距离，有着编制与研究相互脱节的问题，仅仅是为编制而编制，没有从深度方面来考虑，或者只是为了应对达标与优化升级，做做表面功夫，或者局限在通用的编研上，未能对档案资源展开再一次加工，也并未从提供利用方面着手，多形式开发利用。

（二）编研团队不够和宣传不到位

很多档案编研工作人员并不是专业人员，其专业素质有待提升，创新思路不足，尤其是人员流动性较大，频繁进行换岗，导致原本就很弱的行业更无法充分适应新时代发展需要。除此以外，因为被档案长时间封闭性与保密性所影响，档案编研工作人员已经习惯档案封闭式管理的模式与方法，虽然编研出了比较好的成果，可是由于宣传不到位，导致档案编研成果得到的社会反响非常小。

---

① 孟薇薇．信息爆炸时代的新概念大数据 [J]．商品与质量，2012（09）：9．

（三）档案编研形式与内容不丰富

在编研形式上使用计算机与数字影像技术等信息化技术程度不足，很多档案编研成果均拘泥于文字编研上，较少有图文并茂的成果出现。在内容方面，由于档案编研人员服务意识淡薄，对于档案编研成果不具备综合性，编研过程中仅仅对名人与大型活动等档案展开编研，忽视了其他档案编研，导致编研形式及内容都很单一，不具备多元化与趣味性。

三、文化自信视角下档案编研工作分析和探索

在文化自信视角下，档案编研表现出了多种特征，比如文化性与综合性、社会性与效益性等。文化性就是档案编研工作的社会文化功能，是档案文化的构建与创作，表现出了档案的文化涵义及品位；综合性就是档案编研工作内容丰富且传播多元化；社会性就是进行档案编研工作的工程中，需要共建共享，将成果与社会互融，充分满足社会需求；适用性就是档案编研工作不仅应当与时代需要相符，同时还需要创造出有价值的产品；效益型就是档案编研工作不仅需要讲究成本，而且还应提升经济效益。这部分特征促使档案编研工作转型，由以往被动的服务转变成了主动服务；封闭式管理变成了联合管理；不追求效益转变成讲究经济与社会效益；档案内部转变成市场化。档案编研工作的开发充分表现了社会文化与我国民族传统，对社会文化有重要的引领作用。所以，以下从各方面对文化自信视角下档案编研工作进行了简单的分析。

（一）效益方面

档案机构经过联合合作能够增强档案部和社会各方面的联系，并且还能够让档案文化与社会文化互融，从而更加贴近社会大众，借此提高社会效益与经济效益。合作可以通过立项的方法，可以研究人员根据一定的选题来采集与查找档案资料，筛选档案资料，加工档案资料，使用对应的理论知识与世界观进行综合分析、概括、整理出事件和任务蕴藏的文化价值以及人文精神，最后通过论文与研究报告等形式发表最终的研究成果。当然，档案机构可进行大量尝试，通过外包的方式推进档案编研工作快速发展。联合合作编研出的成果，需要当作最主要的档案文化内容，除了可以将社会文化丰富以外，还能够将档案编研的社会与经济效益大幅提升。

（二）资源方面

档案编研应当将馆藏作为基本，然后对资源进一步开发。以当前数字档案资源而言，很多均是由卷与件为单元储存的。就文书档案而言，可以查找的内容通常为题名与主题词等著录信息，隐匿于档案背后的文件构成的背景与写作者、文件内涵与文化价值等均无人发现。所以，应当对馆藏档案进行全面研究，着重挖掘档案后面隐匿的内涵与联系，寻找历史脉络、弘扬中华民族优秀的传统文化，将单一化的档案管理变成文化载体管理，将档案管理部变成研究机构，挖掘出档案承载的文化价值。除此以外，在文化自信视角下，需要进一步挖掘社

会信息资源，给档案编研工作提供相应的素材，不仅可以减少成本投入，还可以有效整理社会信息资源，将馆藏资源丰富化，推进社会文化发展。

（三）创新方面

当顺应了社会潮流，才可以得到一定的发展机遇。档案机构需要持续创新方式与制度、理念与模式才可以让档案事业构成全新的机制，才可以让档案编研工作充分适应文化自信发展的趋势。由于所有创新都是由人思考出来的，所以脱离了人才说创意是毫无作用的。档案编研工作成果的好坏取决于档案团队综合素养，档案机构需要关注档案团队综合素养及优化人员结构。第一，需要创造良好的环境，使所有档案工作人员均可以发挥出创造性与主动性；第二，需要构建复合型人才团队，档案编研人员在熟练掌握基础信息技术的过程中，还需朝着人文学科拓展。第三，提升档案编研人员积极主动、团结合作的精神，构建人才激励制度，让全体档案编研人员可以做到人尽其才，劳有所获。

（四）产品方面

在二十一世纪，人们通常将档案编研工作看成档案机构内部工作，该工作内容就是评估、考核与达标领导发布的任务之一。可是在文化视角下，需要从新的角度来思考问题，档案编研工作可以看作是文化产品，编研过程可以看作项目管理，成果可以看作特殊文化产品。档案文化产品，是按照社会消费群体的需要，将档案作为主要元素创造的文化产品。档案文化产品涵盖了主体与对象、方法与编研、成果等，就是说档案机构按照市场需要，将馆藏资源作为主要的研究对象，通过合作与独立的方法等展开档案编研工作。接着把档案编研成果展开艺术加工，生产出具备档案元素的各种实体，使用先进的技术与新媒体展开推广与营销的过程。存在特色文化就存在特色档案，特色档案能够生产出有特色的产品。所以，每一个档案部门应当进一步挖掘特色资源，生产出有特色的品牌产品，从而满足社会消费群体需求，促进档案编研工作顺利进行。

以上所言，在文化自信视角下，档案编研工作应当将馆藏作为基础；将满足大众需求作为着手点；将独立、协作与授权作为档案编研方法；将档案编研出多种社会大众想要的成果。接着生产出具备档案元素的文化产品，将档案编研效益提升，紧跟时代发展的脚步，得到一定的发展机遇。

第四节　传播学视角档案编研工作

目前我国档案编研遇到瓶颈，发展不顺，档案编研的效果不高有很多因素影响，从自身来说，编研的作品质量不高，编研工作者的自身素质不高，文化水平低，没有接受过正规的教育，编研工作者的知识背景不同等因素都能导致我国编研产品效果差。但从目前来看，编研效果差的主要原因是，编研工作具有封闭性，工作内容和社会发展联系不大，工作内容与社会的需求不符，档案的编研作品传播率低。为了提高编研作品的利用率增加利用效果，就要从编研作品的传播功能入手，深入研究档案编研工作，规范档案编研的工作，使档案信息能快速的融入社会当中，增加社会信息的流动性。

一、档案编研工作的性质是传播性

传播学的意义在于传播，档案是一种记载方式，记载历史的发展进程，档案是一种社会文化，反映社会的现状，档案中的信息在得到充分的利用后，有效的传播才能更好地实现价值。档案具有传播文化和传播知识的功能，但是档案也具有历史性，档案信息分散，不能更好发挥档案信息功能，为了档案中的信息能传播得更远，延长档案信息的寿命，产生了档案编研工作，档案编研的一个基本功能就是传播功能。也可以说传播性是档案编研工作的一个基本性质。档案编研的性质目前有很多说法，但是在大体上是相同的，也有一些不同的描述，如：政治性、服务性、研究性等是从不同的角度阐述档案编研的性质，无论从哪一个角度都具有一定的合理性，尽管如此，档案编研还是不能被大众接受。由此可见，当档案的编研作品成功传播的时候，档案编研的其他性质才能发挥更好的功能。传播性是档案编研工作的根本性质，这是从档案编研工作的目的和档案编研工作的行为下的定论，从档案目的上看档案编研工作的产品主要是档案文献出版物，这些文献出版物都是客观材料，编研工作在客观材料的基础上传播客观的信息，在传播前期做好准备工作，包括选择材料、选择题材、订装、注释、校对、排版等一系列工作，向大众传播客观可靠的档案信息，并且能代代相传。从档案编研工作的行为来看，档案编研工作无论是公布文献信息还是在出版发行上，都是提供档案信息的行为，也可以说是传播信息的行为，档案编研工作就是一个档案信息传播的工作[①]。尽管档案编研工作作为档案信息传播工作的重要组成部分，但是，档案编研工作和一般的档案利用服务工作不同，与发表政治观点以及学术观念的一般著作也不同，它是以不同的形式加工档案文献。

二、档案编研工作应坚持传播性原则

档案编研工作的客观性质，决定了我们从事这项工作主观上必须遵循的基本原则：坚持科学性与传播性相统一的原则。坚持科学性，是为了确保档案编研产品的可据性，即档案文献与文字内容的真实性、准确性和完整性。在档案编研工作中坚持科学性的原则，就是在解放思想、实事求是的基础上，忠于原文以存真，即努力维护档案信息内容的历史真实性，忠于档案文献的原文原意，不可妄行增删改易。

（一）档案编研工作应以受众为本位

档案编研不是随意进行，要遵循原则，档案编研要坚持两个原则，一个是科学性原则，另一个是传播性原则，传播性原则的一个方面就体现在以受众为本位的原则上。事实上，档案编研界早就认识到了传播的重要性，但遗憾的是，档案编研界并没有把社会的需求提高到

---

① 王运玲，温波．大数据时代下档案信息资源的知识服务 [M]．建设与文化强国相匹配的"档案强国"论文集，2014：359-364.

应有的位置。是否满足社会需求对档案编研工作的成败具有决定性的作用。档案编研产品是否符合受众的需求，直接关系到档案编研产品的社会效益、经济效益和档案编研工作的成败。只有从受众的角度出发，才能使档案编研产品成为受众喜闻乐见、喜欢保存并愿意传播的精神食粮，才是保障档案信息世代流传的最佳传播万式。

（二）档案编研工作应降低传播环境

为了拓宽档案信息的传播空间，为了提高档案信息传播速度和时效性，为了达到档案编研产品的传播，档案编研工作不仅要以受众为本位，而且要致力于对传播噪音的厘清工作，要降低档案信息传播环境中的"噪音"分贝。这是传播原则的第二个方面。为了降低档案信息传播环境中的噪音分贝，要坚持对档案文献的合理阐释，无论是史学研究还是档案编研，其目的不仅在于维护历史的真实面貌，由于档案是特定历史条件下的产物，它的语言文字，它记录的专业知识和典章名物，很多与后世的读者或与这种环境很少接触的读者有着不少的距离，对档案编研原材料进行合理阐释以扫清档案文献在浏览、阅读、利用方面的障碍非常有必要。

为了提高档案编研产品传播的速度，提高它的时效性和针对性，降低档案信息传播环境中的噪音分贝，为此，我们所要做的是：要加快档案编研产品的审批速度，使审批程序制度化和明朗化，从而加快档案编研产品的传播速度，提高其时效性，不仅要了解档案保密与开放的范围与时限，而且要档案机关明晰公布档案的范围，对已解密的档案要定期鉴定，以提高档案编研工作审批过程中的透明度、理清档案编研产品传播过程中的法律关系，明晰档案信息的公布权限与公布范围，防止发生侵权行为和违法行为对档案编研产品的传播产生不必要的障碍。

第五节　新媒体环境下的档案编研

档案编研工作能够反映档案管理机构和从业者的专业水平，是档案管理机构和从业者获得社会认可、提升社会地位的重要渠道，同时也是保护原始档案资料的重要方式和手段。档案编研工作是档案工作人员以馆（室）藏档案为基础，根据一定的选题或意图，对相关档案信息进行梳理、编辑和研究，形成具有主题性、系统性、深度性的编研成果，是一项为全社会提供具有专业性、增值性、创新性的档案信息开发和服务的重要工作。长期以来，由于受到"重馆藏轻利用"思想理念的影响，以及编研手段和技术落后的制约，档案编研工作在各个档案机构和从业者身上总体上处于一种受忽视、低水平的消极发展状态，这种消极发展状态在新形势下尤其是在新媒体环境下急需打破，而且也是能够打破并获得新生式的发展。

一、新媒体环境给档案编研工作带来的机遇

近些年来，随着计算机、互联网等技术的飞速发展以及数字化、网络化、非线性编辑等

多媒体技术的广泛应用，形成了明显不同于传统纸质媒体的新媒体环境。新媒体环境不仅显著改变了传统媒体曾经"一统天下"的旧格局，而且深刻变革了整个社会信息和知识的传播方式，同时也势必深刻影响到今后的档案编研工作，对此必须加以高度重视和及时研究。

新媒体是相对于传统意义上的报刊、广播、电视这些大众传播媒体而言的，是指随着传播新技术的发展和传媒市场的进一步细分而产生的新型传播媒体。主要是指宽带互联网络、手机这两类新媒体，也有人把这两类媒体分别称之为第四、第五媒体。

新媒体技术的不断成熟、新媒体环境的不断形成也给当今的档案编研带来宝贵机遇。一般来说，新媒体类型主要有网站网页、社交媒体、互动电子屏幕等，新媒体具有数字化、网络化、互动化、个性化、移动化、共享化等优势特点，这些优势特点是传统媒体所无法比拟的，是移动互联时代任何信息服务行业都必须加以考虑的新技术、新手段、新环境。档案编研工作本质上看就是对原始档案信息进行二次加工、开发增值和共享利用，是整个社会重要的信息服务工作。在档案编研工作中也必须高度重视和充分利用新媒体技术改进方式方法，提高档案编研工作效率，提升档案编研成果质量水平，进一步扩大档案编研成果的社会影响力。

二、新媒体环境下档案编研工作面临的挑战

当前，新媒体技术在各行各业中正如火如荼地大量应用，也开始逐步应用于档案管理行业，一些档案机构建立了档案网站，开通了档案机构的官方微博和微信公众号，制作了一些档案宣传的网络视频，设立了档案机构内部的宣传电子屏。但是，相较于其他先行行业来说，新媒体技术在档案管理中的应用还比较滞后，尤其在档案编研工作中的应用更是显得落后。毫无疑问，新媒体环境对于档案编研工作提出了更高要求，不仅意味着重要的时代机遇，同时也是一个严峻的挑战。主要体现在以下方面。

（一）缺乏新媒体意识

新媒体环境下的档案编研工作要求档案管理机构和从业者具备良好的新媒体意识。所谓新媒体意识，也就是基于互联网思维而形成的数字化、交互化、共享化、个性化等为主要特征的新型传播思想理念，是一种适应移动互联时代需要的全媒体运作新思路。长期以来，档案行业习惯于手工运作，延续着传统的纸质档案管理模式，"重收藏轻利用"的思想和做法难以明显改变，这种工作和思维方式也深刻影响到档案编研工作创新，可以说，当前档案管理机构和从业者较为普遍地缺乏新媒体意识。一方面，档案管理机构不能主动顺应移动互联时代要求，从而不能积极引进新媒体技术应用于档案管理全流程；另一方面，档案管理从业者也囿于固有的传统思维模式，往往不能及时更新观念，不能积极了解和学习新媒体有关知识和技能[①]。

（二）缺乏新媒体人才

新媒体环境下的档案编研工作不单单是个观念、理念问题，更是实实在在的人才支撑问题，

---

① 乔颖．基于 SWOT 分析的大数据时代航空档案工作 [M]．中国会议论文，2014：426-432．

推进这项工作必须要有适应新时代要求的复合型新媒体人才。所谓新媒体人才，是指具有新媒体意识，掌握新媒体运作知识和能力的复合型专业技术人才。新媒体环境下的档案编研工作一方面要求从业人员具有档案专业技术能力，能够开展专业的档案编研业务工作；另一方面要求从业人员具有计算机、互联网、多媒体等方面的操作和处理能力，能够胜任新媒体环境下档案编研工作的各项任务。一般来说，当前新媒体人才在各行各业均属于稀缺性人力资源，在档案管理和档案编研工作领域更是显得短缺，主要原因在于这方面人才难以引进、培养周期长、激励不到位等问题，但是这些问题恐怕不是短期就能解决的。

（三）缺乏新媒体成果

新媒体环境下的档案编研工作是一项新型的档案工作实践活动，它的实践成果不再是传统的、静态的、纸质的平面媒体成果，更多地体现为互动化、动态化、数字化的多媒体成果。所谓新媒体成果，就是指集图片、声音、视频、动画等内容为一体的互动化、动态化、数字化的多媒体成果。长期以来，档案编研成果主要以图书、海报等纸质书面形态呈现给读者，形式单一简单，缺乏吸引力，不利于档案编研成果的宣传。在新媒体环境下，档案编研人员就不能再满足于传统的纸质成果工作模式，必须事先统筹规划适应新媒体需求的多媒体编研成果工作。当前，从总体上看，全国各个档案管理机构提供的档案编研新媒体成果数量偏少，社会影响较弱，显然不能适应今后移动互联网高速发展的需要。

（四）缺乏新媒体传播

新媒体环境下的档案编研工作是一项开放性、主动性、互动性的档案工作实践活动，它更加注重档案编研流程的新媒体互动、档案编研成果的新媒体传播。所谓新媒体传播，就是指以新媒体技术为手段开展的实时化、动态化、共享化的新型传播方式。传统的档案编研工作习惯于"闭门造车"，缺乏与社会公众的足够互动，无论是在编研选题的选择确定上，还是编研成果的评价反馈上，这就容易造成档案编研成果与社会实际需求相脱节、传播与宣传效果不理想的不良后果。当前，不少档案管理机构缺少与公众之间沟通的新媒体渠道，没有开通官方微博和微信公众号，档案编研成果仍然局限于馆内简单展示，而未能通过移动互联网向公众开放共享，导致造成传播效果不佳、社会影响力不大的尴尬局面。

三、新媒体环境下档案编研工作的创新路径

作为一项新型的工作任务，虽然面临不少挑战，但也正因为基础较为薄弱、前期工作滞后，新媒体环境下的档案编研工作具有极大的创新空间和潜力。针对上述挑战和问题，本节主要从档案编研工作主体、工作流程、成果形态、成果传播4个方面探讨新媒体环境下档案编研工作的创新路径。

（一）强化档案编研工作主体

档案编研工作主体主要包括档案管理机构和档案编研工作人员两类，在新媒体环境下都要自觉主动更新观念、树立新媒体意识，提升档案业务水平。对于档案管理机构来说，要进

一步推进档案管理信息化、档案信息数字化进程，构建档案信息管理大数据平台，为推进新媒体环境下档案编研工作奠定良好的硬件基础；要积极引进和培育档案编研新媒体人才，完善人才和成果激励机制，为推进新媒体环境下档案编研工作创造良好的软件条件。对于档案编研工作人员而言，要积极参加互联网和新媒体技术学习培训，熟练掌握微博、微信公众号等社交媒体的操作方法，努力提高自身运用新媒体开展编研工作的能力。

（二）优化档案编研工作流程

在新媒体环境下，档案编研工作流程要实现从"封闭式"向"开放式"的优化转型，做到从选题确定到成果反馈的全流程互动。在档案编研选题确定上，可以通过档案机构官方网站或社交媒体向公众征求意见，使选题更加切合社会需求、更加突出馆藏特色。在档案编研处理过程中，可以通过档案机构官方网站或社交媒体补充征求有关原始档案材料，寻求其他编研机构或专家学者共同合作，在档案编研成果反馈上，也可以通过档案机构官方网站或社交媒体向公众征求评价看法，实现档案编研成果评价社会化、大众化。

（三）丰富档案编研成果形态

在新媒体环境下，档案编研成果要形成传统媒体形态和新媒体形态融合发展的新局面，重点要丰富适应新媒体需要的数字化多媒体成果形态。数字化的出版方式，集文、图、声、像于一体，将立体化的编研成果呈现给读者，具有强烈的感官冲击、艺术效益和感染力，可更好地吸引读者在移动互联网时代。人们的时间越来越碎片化、兴趣越来越个性化，数字化多媒体成果形态应该能够顺应读者这些方面的变动趋势，不一定非要长篇大论，更多可能采用小短文、小视频、小动画等形式呈现编研成果，增强档案编研成果的时效性、可读性和吸引力。

（四）加强档案编研成果传播

在新媒体环境下，档案编研成果的传播空间获得前所未有的可能性，但要使这种可能性转化成现实还需要多方面的努力。一要加强档案机构网站建设，开辟专门的档案编研栏目，全天候开放共享已有的非涉密档案编研成果。二要加强档案机构官方微博和微信公众号建设，通过微博和微信公众号发布公开信息，回收读者反馈意见。三要加强 QQ 群、微信群、网盘群等社交媒体群建设，增强实时响应互动能力，分享档案编研最新成果。当然，有可能的话，档案机构还可以研发档案 App 移动客户端，档案编研人员建立网络直播自媒体等等，进一步拓展新媒体环境下档案编研成果的传播渠道。

第九章　档案数字化管理

第一节　档案数字化管理的优势与弊端

随着信息化技术的快速发展，其已经逐渐进入到人们的日常生活中，这对人类的进步具有非常大的促进作用。但随着信息技术的发展，人们的工作模式也在逐渐发生着转变，传统的档案管理模式已经不能适应当前社会的进步，档案的数字化管理逐渐成为我国经济发展的重要促进因素，对我国的经济发展起到了巨大的促进作用。档案数字化管理是一种新颖的管理模式，它主要是依托于信息技术而存在的，能够在很大程度上提升档案管理效率，优化档案管理质量。但档案数字化管理的历程相对比较短，在实践应用过程中仍存在着诸多不足。为此，全面优化档案管理成效，需要科学全面分析它的利与弊，以便针对性地予以解决和优化。

一、档案数字化管理的优势分析

档案是一种非常重要的资源，实现档案的科学利用与开发，能够发挥档案管理的综合性作用，同时也能够在很大程度上推动企业的健康可持续发展。在信息技术全面快速发展的今天，依托于完善系统的计算机技术，档案管理的方式实现了较大的飞跃，档案数字化管理的趋势也越发越明显，档案数字化管理具有非常明显的优势，具体表现在以下方面。

（一）促进各部门信息高度整合

在传统档案管理中，主要采用纸质档案的管理方式，这在很大程度上影响着档案管理的整体水平，尤其是相对割裂的档案管理模式，无法实现档案信息的高度集中。比如在传统档案管理中，各部门在进行档案信息的收集、汇总等过程中，往往具有一定的部门属性，使得各个部门之间缺乏有效的互通，这就使得个别类档案内容陈旧不堪。如企业的人事档案，往往只停留在最初的入职阶段，并没有根据人员晋升、发展等增加相应的内容。在档案数字化管理时代，依托于完善的信息技术手段，通过搭建档案管理网络系统，可以将各部门的信息进行高度统一的整合，便于对档案信息的集中利用。同时，采用数字化管理模式之后，所有的档案由对应部门的相关人员将其录入到网络系统中，然后由档案管理人员对其进行统一管理，这种模式使得档案管理工作更加有序，且保证了档案收录的整齐性原则。

（二）档案管理不受时空的限制

档案是一种非常重要的资源，实现对档案信息的利用，能够有效地促进企业的发展。传统的档案管理，可以形象总结为"办公室管理"。这种纸质档案管理方式，主要是在上班时间进行，一旦下班，那么档案管理就结束了，这就使得档案管理具有非常强的时效性。在信息技术全面快速的今天，依托于计算机平台，档案管理的整体效率得到了全面提升和优化。在数字化时代，档案管理人员可以通过计算机 PC 端、移动客户端等来进行快捷精确的管理，这种管理没有了时间和地点的限制。工作人员能够通过网络获得档案内容，然后在任何场地对档案内容进行整理。而对于企业的各个部门，其产生的大量档案资料还能够通过电子文件的形式存储在网络上，档案管理人员通过对这些资料进行收集和整理就能够实现档案的管理工作。此外，档案管理人员在任何场所、任何地方都可以依托信息技术来进行科学管理，这就使得档案管理没有了空间限制。

（三）实现了档案信息的科学开发

在纸质档案管理时代，管理人员在档案管理中，其主要任务就是对档案进行整理与分类，将复杂的档案材料按照一定的类别标准进行相应的分类。同时，在进行档案使用时，也只是通过人工查询后，进行查找和利用①。在应用计算机系统后，人们通过简单的档案查询来进行档案筛选，这种档案利用开发程度也不高。在信息技术全面快速发展的今天，档案数字化管理模式的科学利用，能够实现对档案信息的科学开发，在档案利用的过程中，各个部门的工作人员可以随时通过信息技术平台来进行查找与筛选，也可以进行档案的随时应用。同时，依托于信息技术手段，无须进行档案的传递，只需要做好档案资源的共享，就可以优化其使用质量。

二、档案数字化管理的弊端分析

依托于信息技术来全面推进档案数字化管理，能够在很大程度上优化档案管理效率。但档案数字化管理的进程相对比较短，很多关键技术并没有得到全面应用，档案数字化管理中仍存在着较大的弊端，亟须引导人们关注和重视，只有这样才能科学全面提升档案管理的成效。

（一）档案管理存在不安全因素

由于网络环境的复杂性，电子文件利用的保密和安全工具具有一定的难度。在档案数字化管理中，由于信息技术是主要的载体，网络空间的交互性、开放性、多元性等特点等，都容易增加档案管理的难度，也容易滋生不安全因素。比如在档案管理中，由于很多内部档案具有一定的保密性，若档案管理人员不注重安全防护，不注重甄别不良访问行为或者恶意访问行为，都容易滋生档案管理的风险。再比如在档案管理中，档案使用人员没有按照严格的规范来进行操作，通过外网来访问档案管理系统，也容易增加档案管理的风险，不利于档案管理的整体安全。

① 李永萍．试论新时期人事档案管理 [J]．山西科技，2011，26（01）：65-67.

（二）档案管理易受载体影响

在档案管理实践中，基于档案数字化管理，能够在很大程度上优化档案管理的效率，但同时也容易受到信息技术载体的影响。比如，在档案管理中，由于网络系统存在一定的更新性，这使得很多相对"古老"的档案无法被兼容和利用，可能部分文件格式不对，无法进行上传与整理。再比如档案数字化管理系统可能还存在着一定的不稳定性，一旦系统出现故障或者漏洞，不仅无法保证数据档案的安全，同时也可能会造成重要档案数据的丢失。与此同时，病毒侵害、数据丢失的隐患也造成了数字化管理的不稳定性，威胁到了电子档案的长期保管和安全保管。

（三）档案利用不充分不科学

在档案管理实践中，无论是传统的纸质档案管理，还是数据化档案管理，其归根结底都要实现档案的利用，只有这样才能发挥档案管理的整体功能。但现阶段，虽然很多企业都建立了档案管理数据化系统，但档案利用并不充分，也不科学，一方面，档案利用不充分。虽然企业建立了数据化档案管理系统，但档案管理人员的开发意识并不高，在档案管理中仅仅依托于信息技术来进行档案数据的存储，并没有开发利用的意识，这就使得计算机系统中的很多数据并没有得到充分利用，而是成为呆板的"数据"。另一方面，档案管理方式不科学。在档案数据化管理中，通过计算机技术可以实现档案数据的有效管理，但很多企业仍然同时使用纸质档案管理的方式，这无疑会在很大程度上造成管理资源的浪费。

三、档案数字化管理的优化举措

在档案管理实践中，依托于信息技术手段，能够全方位优化档案管理成效，同时也能够在很大程度上提升档案管理的整体质量。基于档案数字化管理中存在的一定的弊端，为整体优化档案数字化管理的整体成效，应该运用以下优化举措。

（一）优化档案数字化管理系统建设

在信息技术全面快速发展的今天，全面优化档案数字化管理成效，综合性提升档案管理水平，应该科学构建档案数字化管理系统，这是提升档案管理质量与水平的重要保障。档案数字化管理是一项非常科学且严谨的工作，数字化管理系统也是相对比较烦琐和复杂的，为整体提升档案管理的成效，科学优化档案管理质量，需要率先优化档案数字化管理系统，以此来综合性实现信息资源的共享。一方面，企业在档案管理实践中，应该结合自身档案管理特色，应该结合自身档案管理特征来构建科学系统的档案数字化管理系统，以此为基点来开展档案管理工作。企业可以自行开发档案数字化管理系统，也可以聘请专业机构来搭建档案数字化系统，但无论是采用哪一种方式，都需要做好档案数字化管理系统的维护与更新，以确保各类格式文件的兼容存储。另一方面，企业在档案管理实践中，还应该寻求各个部门的配合与支持，将各个部门所有人员等纳入档案数字化系统中，为档案管理提供扎实有效的信息数据，做好关键信息或者数据的共享，从而切实提升档案管理的整体质量与成效。

（二）采用统一录入以及备份标准

在档案管理实践中，依托于信息技术来实现档案管理成效，优化档案管理质量，需要运用统一的录入标准以及备份标准，前者是信息输入的关键，后者是信息安全的保证。一方面，企业在建立档案数字化管理系统时，应该制定科学统一的录入标准，确保各类信息能够以统一规范的存储格式进入档案管理系统中，继而为档案信息的归类与整理提供重要前提。同时，在档案数字化管理系统中，为实现不同格式的档案的兼容，如视频、语音、文字等，应该按照相应的内容采用对应的格式，以此来实现档案信息的全覆盖。另一方面，企业在采用档案数字化管理系统时，还应该运用科学的备份标准。

（三）提升档案管理人员的素质

在档案管理实践中，积极应用档案数字化管理系统，发挥这一系统的关键作用，需要全面提升档案管理人员的整体素养。一方面，企业应该提高档案管理人员的入职门槛，结合企业发展需要，为企业筛选专业素养高的档案管理人员，全面优化档案管理人员的业务水平。因此企业应该优化档案管理观念，不再将档案管理部门作为"养老部门"来使用，而是将其作为影响企业发展全局的关键部门来看待。

在档案管理实践中，优化档案管理成效，提升档案管理水平，应该积极建立档案数字化管理系统，全面优化档案管理的整体质量。鉴于档案数字化管理中存在着的一定的问题，为整体优化与合理避免，所以有必要采取针对性的措施来总体提升档案数字化管理成效。

第二节　数字化档案管理中信息通信技术的应用

信息通信技术（Information Communication Technology）简称为ICT，是信息技术与通信技术相融合而形成的一个新的概念和技术领域。ICT广泛运用，为企业转型升级和产业发展提供了技术支持，也为现代档案事业带来机遇和挑战。ICT是全面利用现代信息化手段，对档案信息资源进行整合、处置、管理，从而更好地为社会提供服务的一种技术路径。它体现了从传统档案实体转向以档案信息为重点的工作理念，是从手工检索转化为计算机搜索的中间桥梁，是沟通本地查阅与异地调阅的推动力量，是推进档案数字化建设、构建"智慧"平台的重要渠道。面对信息通信技术迅猛的发展形势，各单位只有不断融入并加强研发和使用，提高档案部门的软硬件建设，才能提高档案管理水平和工作能力。

一、档案（文档）生命周期与连续体理论

（一）文档生命周期理论及其局限性

文档生命周期已经被视为一种理论，其概念是以提供操作纸质文档管理程序为框架和模型。该理论认为，文档不是静态的，而是有自己的生命。它的生命类似生物有机体的成长阶

段与"年龄"之限。它们经历从出生（文档创建或收集），成长为青年（记录使用和维护），进入老年（转移到档案库记录），然后死亡（到期销毁）的演变。文档的生命周期包括其当前使用和最终的命运，从产生到销毁的全过程。根据文档的内容和价值不同，档案会采取不同的保存期限，即寿命时间。而文档是档案的初始形式、生命之源，这是目前国内外专家注重文档管理的原因之一，即在档案的生成阶段就把好关。紧接着，它历经创建、维护、储存、使用和处置等五种形式，形成一个完整的生命过程。同时在不同阶段又表现出不同的作用和工作要求，因此这是一个通过分阶段管理提升档案整体质量的过程。所以，每位档案管理者必须首先了解文档生命周期理论，以提高自己的有效管理能力。

然而，文档生命周期描述的并非文件运动规律的全部。近年来，生命周期的概念，一直受到很多负面的评论。首先，批评者指出，销毁不一定是文档的全部归宿，有文档不"死"现象，即无限期保留，因为有持续的价值存在。其次，在"三种年龄"的生命周期阶段之间划分，极容易凭借主观判断。其实文档的生命周期不是单向的从幼变老，而是根据实际使用的需要、价值的转变，会发生逆转和反复，生命形式可能会打乱。文档好比货币，可储存，也可重复循环使用，他们会产生恢复活动期，使用与存档可能会多次交替。因此生命周期模型不存在重复阶段，或者人为地省略某一阶段。再者，文档生命周期概念延续和记录之间存在人为的区分，由于单位经营宗旨和文档保存文化等原因，专业视角之间档案和记录管理会发生区别。此外，生命周期概念的批评者也认为，它过于集中记录物理实体的操作任务，特别是那些纸质文档的保管[①]。纸质文档依靠逻辑结构，与纸质的物理存储相关联，很大程度上局限于传统的管理模式，缺乏现代创新。

（二）连续体理论与信息通信技术的引入

文档管理早在 20 世纪 80 年代已快速引入信息和通信技术（ICT），档案管理进入了一个全新的实践层面，产生了灵活辩证的生命周期模型，这种新模型的发明，被称为连续体理论。该理论认为，档案和文档管理责任之间没有严格的界限。文档有创建、修改、归档、使用等任意处理的权限，不局限于不同环节和先后顺序，也不是被动等待最终处理决定的文本。

电子环境能达到单凭理论和基于纸张的方法所无法实现的档案管理模式，使档案工作对象从静态到动态，能融会贯通，得到立体化处理。在行之有效的生命周期来看，文档和档案管理过程分明，有章有序，明确定义了文档在每个阶段的管理责任。在连续体理论中，通过记录连续模型，文档和档案总是在被创建或编辑的状态，即文档管理被描述为交互式过程，贯穿于整个文档的寿命。

文档生命周期和连续体模型的发展是档案信息化的重要驱动力，同时档案信息技术的发展也为生命周期和连续体理论提供了先进的技术条件。两大模型的互补配合提供了一个积极合理的保存记录的结构，体现了电子文档环境安全、有效、便捷的必然趋势。它超越时间和空间，逐渐满足企业、法律、社会、文化等需求管理。作为更为先进的档案管理办法，通过现代模型构建科学组织框架，对于档案现代化与信息通信的融合发展具有重要的意义。

---

① 罗凤云 . 事业单位档案管理工作的优化路径 [J]. 信息记录材料，2017，18（09）：114-115.

二、现代信息通信技术（ICT）应用现状

（一）信息技术的创建、存储、检索与数字化趋势

信息技术与通信技术相融合环境下，电子文档的处理有着极高的要求。每一份文档可分为三个端结，文件的形成是前端，处理、鉴定、整理、编目等具体管理是中端，永久保存或到期销毁是末端。无论是图案表格的绘制，还是文字的写作修订，文档处理都脱离不了计算机。在此基础上，可以利用网络技术创建电子数据库、编发电子邮件、远程检索与构建移动通信平台、管理 ICT 基础设施信息系统等，通过多措并举，产生更有效的利用与管理。由于不同机构保存和使用的主要数据和信息系统存在差异，信息系统（IS）集成部署系统的数据管理则更有利于实现无缝传递和信息共享，从而打破不同档案部门"信息不对称"的局面，改善"信息孤岛"现象。同时，该系统是由多个电子文档组织路线，以不同的部门和个人根据具体工作需求进行查询和使用，这种积分式工作流程有效节约了财务和人力资源方面的成本。虽然针对庞大数据，计算机系统可能会导致冗余，但它可以有效消除员工对大批量物理文档的恐惧。

在数字化档案管理中，尽管试图改善信息通信能力，但关键基础设施与目标还是存在一定差距。这些差距和弱点与信息部门的推进力度有关，也与档案工作人员对新技术的运用程度有关。尤其是研发和使用过程中未能解决数字档案中的 DRM 数字版权管理，因此 ICT 技术的应用实则依赖于基础设施的存在，而相对高端设施的建设尚未熟练普及。随着互联网的发展，现代电子政务、OA 系统的运用，QQ 群、微信圈及电子商务建设的开展，各部门相应建立了系统办公网络平台，不仅最大限度地证明了信息和通信技术优点，而且也在不断探索与实践中，将现代信息技术的功能推向优化。

（二）有效的档案管理方式在实践中改进

在 ICT 的支持下，档案管理已经从基本的纸张文件的存储向众多电子、计算机的数字化管理过渡。"云计算"的引入将全面丰富现代文档管理模式，以其提供速度快、精准度高、查询灵活、呈现方式多样等优势，在世界范围内被迅速接受并作为关键信息管理与沟通工具。此外，在档案管理中使用电子系统，可以节省文件存储空间，利用电子方式查询也可减少纸质文档的物理磨损。计算机中的档案管理，以强大的存储、检索、访问、使用功能，增强了安全性和便捷度，也便于人档沟通和信息交流。

尽管如此，他们也面临一些挑战。如由于技术的飞速变化，档案记录越来越依靠计算机及网络，增强了软硬件故障所造成的数据失真或丢失风险。而在处理文件时人为的改写、剪切和粘贴、发送到另一端等，操作失误也会影响数据的真实性和系统的完整性。尽管如此，这些缺点并不会贬低信息与通信技术在档案领域已发挥的显著作用。在电子档案的时代，传统的档案实体服务已不能满足人们复杂的用档需求，任何一种有意义的文档都无法忽略信息和通信技术所带来的有效记录管理。

三、当前信息技术环境下文档运用与服务

（一）信息通信推送技术成为服务的主功能

当前信息技术的飞速发展拉近了人与人之间信息的交流，传递方式的改变，也进一步完善与提升了档案信息服务中技术体系的应用水平。信息通信推送技术成为服务的主功能，比如"云计算"文档存储功能与数字化对接，OA系统、电子邮箱等文档信息传递对接，网络平台信息咨询、留言，电子政务与公文流转，网站信息查询、文件下载、转移链接、用户对话等推送与互动功能。

网络信息沟通工具具有集成化和开放性等特点。为了提供高速、快捷，不受地理、时空限制的服务，各种信息技术资源必须加以整合，才能达到系统优化的效果。但是在实际操作中，由于网站服务平台和服务体系的更新周期较长，服务还是以被动的信息咨询反馈为主，缺乏主动的信息推送服务。总的来说，还是存在先进信息技术研发滞后、技术应用不全面、兼容不够等问题。在未来除注重终端信息技术的研发和使用外，一些网络平台和智能服务平台的新生技术也是应关注的方向。

（二）电子信息转化成为运用与服务的基本途径

当前信息技术下文档运用与服务，主要有两大类方式。一类是对档案室（馆）藏传统档案，以方便利用为目的，运用专用设备进行信息技术加工处理；另一类是对直接以数字化形式产生的电子图档进行数字化管理，包括电子图档和文件的接收与安全保管，以及科学合理利用。档案信息的利用包括信息检索、信息传递以及信息反馈等，而档案的编研活动实质是对档案信息进行改编重组的过程。虽然档案信息化中并不完全是信息理论与技术利用的内容，但是所有的标准化、网络化、数字化及其他工作都围绕着信息技术展开，信息技术应用成为实现档案信息化的基本途径。

在档案资源运用过程中，人们获取信息的需求呈现快餐式又精细化、多样化的特点，信息服务的给取已转变为以网络服务、虚拟服务为主的电子高科技服务。当前信息社会中，档案信息服务更多的是基于互联网，利用现代信息技术向公众提供档案信息查询、咨询等服务方式。现代信息技术的发展，在影响人们信息获取方式和社会形态的同时，也改变着人们的生活和学习面貌。信息公开背景下的档案在线服务必须以用户为出发点，创新理念，更新现代信息技术手段，积极开展信息推送、站点链接、网页聚合等多功能服务。借助ICT的推动力，实现信息与通信环境下的档案信息公开、共享与利用，以期不断提升档案服务质量和管理水平。

第三节 大数据与档案数字化管理

随着电子信息技术的不断发展，数字化的存储信息模式在各种行业的资料管理中应用，也上升成了各行各业的管理模式。在房产档案的数字化管理中可以极大地帮助房产市场的信息进行整合，使企业更好地获取房产中的各种有效信息，另外还可以保证大数据管理下获取信息的质量，同时还可以释放房产档案劳动力，减少企业成本。本节将对此做出具体分析。

一、大数据时代档案数字化管理的重要性

在目前的社会中各种数据信息快速增长，每天所产生的数据远远超过人们的想象，若使用传统的档案管理信息方式对数据进行人工管理，会增加档案管理人员的工作压力，同时还会增加管理人员的工作难度，对档案管理的质量也不能保证。那么随着大数据的出现，其档案管理方式在传统模式中效果更加明显，尤其是在如今的信息时代中，大数据起着重要的作用。

（一）大数据时代档案管理是社会发展趋势

目前我国的经济发展迅速，社会也在迈向智慧型发展，那么在一定程度内也会加大档案管理的工作难度，因此这就需要有关部门在进行档案管理时应注意和大数据的结合，提高档案管理的工作效率和工作质量。在档案管理中有大部分的档案是需要永久性的保存，数量也较多，这对于档案管理工作人员来说则是非常费力和耗时的。若使用大数据对此进行管理和分析，则会很大程度的提高管理工作的效率，因此在大数据时代中应发掘其功能并加以利用。

（二）大数据技术是数字化档案管理的技术基础

如今随着互联网技术的发展和完善，电子档案管理的应用也在增多，那么在此基础上只有做好云储存和云服务才可以提高电子档案的现代化管理。在传统的档案管理工作中，往往会出现一些问题，例如在实际工作中档案管理人员会忽略档案的录入工作，这也就对管理档案的后期工作增加了一定的难度[①]。那么数据化档案管理与传统的档案相比，电子档案的价值更为明显，其中电子档案中的信息利用度更加灵活，因此在如今的互联网时代中使用大数据管理档案工作十分必要，其中不仅有大量的信息储空间，同时还可以将信息进行分类，这样一来更加方便使用者对档案信息的管理和使用。

（三）大数据技术是档案数据储存的服务需要

随着大数据的档案储存技术出现，导致电子档案的数量越来越多，为了不影响档案管理的质量和用户对档案管理的需求，这就需要档案管理人员对信息进行备份，以减少因数据错乱导致的档案丢失。

---

① 郑立彬．事业单位档案管理工作优化途径分析 [J]．科技传播，2016，8（16）：163-164．

二、大数据数字化档案管理中存在的问题

目前大数据的档案管理信息虽得到了普遍应用，但还未到成熟阶段，仍然存在着很多的问题，这就需要档案管理员对问题有一定的认识，只有这样才可以进行改善，使大数据管理档案的发展更加快速。

（一）档案管理人员不够重视，信息化水平不足

在档案管理工作中虽配备专门档案管理人员，但大多数档案管理人员老龄化较为严重，对档案管理技术的操作并不熟练，同时由于档案管理人员对缺乏系统的技术培训，在进行档案管理时只会基本的操作，因此并不能发挥大数据档案管理的意义。

（二）对档案管理的安全保障不到位

如今的档案管理市场还不够完善，同时网络中的交易并不具备一定的真实性，那么这则会对档案管理的安全造成威胁。如在以往的档案管理中，是由双方共同对档案安全信息进行保护，如在一般情况下只有使用者和管理者才可以查看档案信息，但若在过程中出现其他意外情况时，那么管理档案信息人员则可以取消操作，利用这种方式保证档案的拥有着的利益。这就要求档案的管理者加强大数据管理下档案的安全，避免不法分子对档案管理的非法获取。

（三）档案管理行业的自律性不足

在目前的档案管理中缺少完善的担保机制，一般在进行交易时则会由第三方介入，从而起到保护和监督的作用，但是由于我国维权意识不够，一旦在档案管理中出现问题，就会造成很大的损失。

三、大数据背景下数字化档案管理问题的解决策略

在如今的信息技术中数字化的档案管理是非常必要的，但就这些出现的问题应积极地寻找解决方法，只有将出现的问题得到有效解决才可以更好地进行大数据时代下的档案管理。

（一）利用网络平台，提高档案管理信息的安全性

进行档案管理时首先要确保其安全性，对其进行安全保护时可以充分地利用网络平台。那么在此基础上可以和一些软件开发部门进行合作，开发出一些保护档案的管理软件，另外还要严格的加强内部管理，防止一些内部人员为了自己的利益泄露档案信息。

（二）制定大数据时代档案管理制度

在制定档案管理工作时也要对其制定除不同的管理制度，同时档案管理部门还需要加强档案管理制度，对档案管理职责在法律的基础上进行划分，另外在档案管理数字技术的同时还需要定期地进行技术更新和检测，只有这样才可以保证档案管理信息的安全性。

（三）提高档案管理人员的综合素质

互联网技术虽然在不断地发展，那么这就需要企业和有关部门对档案管理的资金投入，只有这样才可以提高档案管理工作的基础条件，另外还需要提高管档案管理的信息化技术，同时还需要提高档案管理人员的综合素质，那么管理者可以对档案管理人员进行定期的技术培训以及职业素养的培养，在管理档案的基础上做好大数据时代档案管理人员的人才培养。

随着目前社会经济的不断发展，大数据档案管理信息应用极大地方便了各个行业，在方便管理的同时，也出现了很多问题，这就需要根据这些问题进行具体分析同时制定出有效的解决方法，才可以使大数据背景下的档案管理得到更好的发展。

第四节　档案数字化管理体系的建构

信息技术和现代科技的快速发展，使得档案数字化管理成了档案发展的新趋势。随着档案数字化的发展，档案管理的效率在不断地提高，但同时档案数字化的出现对档案管理提出了新的要求。本节在结合档案数字化管理的优势和现有问题基础上，对档案数字化管理体系进行研究，旨在提高数字化档案管理体系的构建水平。

档案是社会发展进程中一种重要的信息资源，在社会各个领域都扮演着非常重要的角色。随着信息技术、大数据和现代科技的快速发展，传统的档案管理模式已经显得较为滞后。当前，档案数字化管理是档案工作的必然要求，是信息化发展的必然结果，是提高档案管理水平的有效方式。档案数字化管理已经成为档案发展的新趋势，因此亟须充分使用数字化技术对档案进行数字化建设，促进档案信息的有效整合和开放，提高档案利用率，以便更好地服务社会、服务民众。

一、数字化档案管理

档案的数字化管理体系是一种集信息技术、高科技技术与档案管理于一体的现代技术。数字化档案管理是将传统的纸张、录音带、录像带为存储介质的各种原始档案资料，通过扫描、压缩、转化等手段转换成图片文件、声音文件和录像文件，对图片文件可以通过文字识别等技术达到相配于每张图片的科学手段，在运用高级存储管理技术将图片和索引字段储于光盘库、磁带库等各种大容量的存储介质上，并可通过各种方便的查询手段迅速地检索出所需要的档案资料，可以发布到局域网和国际互联网，最终实现"数字化档案"管理网络的新兴的档案管理技术。

二、档案数字化管理的优势

（一）优化档案归档管理程序

在信息技术时代信息量高速增长档案管理工作任务量日益繁重由于数字化的档案管理体系能够确保信息收集传递渠道的快捷畅通，因此能够及时地将这些档案管理归档保存河以大幅提高档案归集整理效率。此外通过数字化的档案管理体系，可以通过信息网络进行档案资料的及时传递进而实现档案资料的远程归档管理。

（二）降低档案管理成本

传统的档案管理工作主要是由人工对纸质档案资料进行整理归档这种粗放的档案管理模式所耗费的档案管理办公费用是巨大的，随着信息量的增大只能通过增加办公人员来完成档案管理任务[①]。通过档案数字化管理体系建设档案的载体形式转变为存储盘、光盘以及服务器，有效地节约了档案管理费用与占地空间，因而能够降低档案管理办公成本以及库房管理成本提高档案管理经济效益。

（三）优化档案资料的检索查询

数字化的档案管理体系取代传统的人工纸质档案管理模式之后，档案资料的统计工作效率以及工作质量得到了大幅提高。同时，由于数字化的档案管理体系都配套建设了数据库以及共享网络平台，因此有助于档案资料的在线传输、交流以及检索使用。此外档案资料管理数字化可以实现检索的智能化档案资料的检索效率、检索范围得到了拓展，有助于提高档案资料的利用水平。

（四）有助于档案资料的及时更新

数字化的档案管理体系实施档案资料的归集整理效率大大提高，而且全过程都是采用计算机进行信息数据资料的处理，因此能够优化档案资料信息系的工作程序各种档案资料可以及时上传至数据库，做到可以大幅提高档案资料的时效性。

三、数字化档案管理体系建设的制约问题

（一）缺乏重视与专业知识

数字化的管理是一种先进创新的管理模式，在档案管理运用中仍然处于初级的阶段，但是目前在我国档案管理的过程中，绝大多数单位都没有给予应有的关注。同时，目前我国档案行业在构建数字化管理体系的过程中还存在着知识的缺乏，不能给予体系的构建积极的指导、科学的指引，档案管理工作人员管理业务知识理论基础不足，对于计算机以及档案管理系统软件的应用能力较差，这些因素都制约了档案数字化管理体系建设的顺利开展。

（二）软、硬件体系建设水平落后

开展档案数字化管理体系的建设离不开硬件以及软件设施的支持，但由于部分单位的档案管理经费投入不足，计算机配置数量不足、机房建设水平落后，网络设备缺乏，造成了档案数字化管理体系建设工作推进迟缓；其次在软件系统设施的建设上，对于档案数字化管理系统软件的选择把关不严，档案数字化管理系统软件功能不全，数据资料检索查阅困难，造成档案数字化管理体系整体建设水平较低。

---

① 付慧杰. 公路路政档案规范化管理研究 [D]. 西安：长安大学，2012.

（三）数字化档案管理系统软件与办公软件兼容性差

由于档案资料主要是在企事业单位或者是高校科研机构的业务、管理活动中形成的资料文件，但是由于办公管理系统与档案管理系统未能有效的兼容，在信息资料数据格式以及信息传输渠道上还存在较多问题。例如电子档案资料无法直接由管理系统传递至档案管理系统进行归档保存这不仅增加了中间不必要的处理环节，同时也制约了档案信息资料在两套系统之间的数据共享。

（四）网络安全性能较低

结合实际可以看出，目前我国档案管理工作在推进数字化的过程中存在着安全无法得到保障的情况，制约了档案管理的整体水平。这是因为在互联网发展的过程中，其安全性能本身就是一个值得关注的命题。但是档案管理工作的网络安全一直就是一个制约因素，对数字化管理体系的构建带来了消极负面的影响。此外由于电子档案数字化体系中软件系统容易被木马或者是病毒破坏导致数据文件丢失、损坏等问题的发生。

四、档案数字化管理体系建设策略

（一）提高重视程度促进专业知识的传播

在推进档案数字化管理体系构建的过程中，应给予积极的重视与关注，通过定期化、常态化的推进方式，将体系构建过程中的成败、经验进行总结分析，查缺数字化体系中的缺陷并且加以改进。另外，在思想上给予重视的同时还应该注重专业知识的传播，让档案管理过程中每个岗位与部门的工作人员能够学习、接受数字化专业知识，为数字化管理体系的构建打下坚实的基础。

（二）数字化权属档案

数字化权属档案要建立在高效目录管理体系的基础上，在建立高效目录管理体系中，需要将分类编目、归档、划分密级工作做好。除此之外，还要生成具体的档案目录表，在档案目录表中，可以快速地搜索档案，从而确保数字化权属档案的顺利开展。系统权限是档案保密的关键环节，通过将电子目录作为检索查阅的唯一通道，以便结合系统的服务对象，生成不同类别的报表，便于档案管理工作人员快速做出决策判断。同时，要确定建档范围的文件材料，再次是开通档案管理的局域网和互联网，实现档案管理的数字化，以打破以往信息公布利用时间和空间的限制，提高档案的共享程度。

（四）数字化管理系统的建立

首先是数据库的开发，数据库是任何数字化管理系统最为复杂的组成部分，尤其是档案的数据存储系统，要求选择 SAN 存储系统。这种系统基于 Fiber，并具有全冗余 / 容错结构，以 2Gbps/300MB/s 的 FC 接口为通道，可为系统提供可靠的高性能。为提高电子档案的安全级别，除了将档案信息存储在 SAN 系统中，还要定时进行全备份 / 增量备份光盘备份，而存储和备份都可以自动化操作。如果档案信息发生变化，档案的增量变化可以通过动态的档案管理系统，在档案出现动态变化之后，能够直接在线跟踪权属的变化和更新。

其次是档案信息的录入，在纸质档案信息的基础上，将档案的资料录入系统内，档案资料录入工作人员应该检查每一卷的权属档案内容是否真实完整，确保录入的准确性。

再次是档案资料扫描过程中，扫描工作人员要按照档案中的资料排放顺序，逐页扫描，并确保整个扫描工作无误。

最后是录入和扫描档案的复查，档案资料录入和扫描后，直接进入资料的检查程序，检查工作人员分组进行。第一组负责录入资料的检查，第二组负责扫描资料的检查，第三组负责录入资料和扫描资料的复查，经复查无误后，进行资料汇总。在检查和汇总的过程中，要注意档案每一项信息的完整性。

（四）加强网络管理保证档案管理有序开展

网络安全问题已经直接影响了档案数字化管理体系构建的整体效果。对此，只有提高网络环境的安全性、可靠性，才能促进档案管理工作的有序开展。对此，档案管理部门应该提高自身的防范意识，提高在网络安全管理上的整体水平。在实际管理与防范的过程中，档案管理部门不仅要注重硬件设施设备的优化，还应该积极引入各种类型的杀毒软件、防火墙技术，加强在安全防范工作上的资金投入与精力投入。对于一些对安全性要求较高的信息资源，可以采用加密处理的方式，避免数据信息出现丢失与缺损的现象。

知识经济时代，数字化档案管理体系已经成为档案管理工作的基本应用形式，同时这也是提高档案管理工作质量与管理效率的关键措施。数字化管理体系的构建能够提高档案资源的利用效率，对于档案管理水平的提高具有重要意义，档案管理部门应该充分认识到数字化管理体系建设的必要性，提高档案数字化管理意识，明确档案数字化管理体系建设的要点，进而优化档案管理流程的优化确保档案信息的安全，进一步推动档案管理工作水平的不断提高。

参考文献

[1] 王冬梅. 电子档案数字化管理的优缺点及其提高管理水平的措施 [J]. 信息记录材料, 2018, 19（07）: 109-110.

[2] 闫成聚. 新时期档案数字化管理及其创新策略 [J]. 中国管理信息化, 2017, 20（05）: 175-177.

[3] 田爽. 新时期事业单位档案管理的创新思路探究 [J]. 科技传播, 2016, 8（03）: 60-61.

[4] 李守利, 张磊. 疾控中心档案管理与档案利用 [J]. 中国卫生产业, 2017, 14（33）: 131-132.

[5] 赵金凤. 浅谈档案管理现代化与档案信息化建设 [J]. 水利建设与管理, 2010, 30（12）: 32-33.

[6] 顾昕. 基于档案管理信息化条件探讨档案管理的现代化趋向 [J]. 中外企业家, 2016, 26（14）: 109-110.

[7] 史灵芝. 档案信息化建设与档案管理研究 [J]. 中国管理信息化, 2016, 19（14）: 187.

[8] 李晓琳, 王艳华. 关于档案信息化建设与档案管理的探索 [J]. 企业改革与管理, 2016, 14（5）: 115-116.

[9] 陈志文, 方凤英. 浅谈档案信息化管理面临的问题及对策 [J]. 经营管理者, 2014, 11（12）: 148-149.

[10] 杨柳, 史小建, 王淑梅. "信息与档案管理" 课程教学改革探究. 河北农业大学学报（农林教育版）[J].2016, 18 （2）: 89-92.

[11] 刘小琴. 高校档案管理选修课教学研究 [J]. 安徽工业大学学报（社会科学版, 2010, 27（2）: 162-165.

[12] 李晓琳, 王艳华. 关于档案信息化建设与档案管理的探索 [J]. 企业改革与管理, 2016, 14（5）: 115-116.

[13] 王晶, 李晓华. 档案管理工作必须为档案信息资源的开发和利用服务 [J]. 黑龙江科技信息, 2010, 02（11）: 139-140.

[14] 陈志文, 方凤英. 浅谈档案信息化管理面临的问题及对策 [J]. 经营管理者, 2014, 11 （12）: 148-149.

[15] 王敏. 档案信息化建设与档案管理的几点思路 [J]. 中国管理信息化，2017，20（16）：181.

[16] 李晓琳，王艳华. 关于档案信息化建设与档案管理的探索 [J]. 企业改革与管理，2016，14（5）：115-116.

[17] 张晓伟. 干部人事档案工作现存问题与优化建议分析 [J]. 科技展望，2016，26（17）：253.

[18] 林越陵. 档案学理论基础 [M]. 呼和浩特：内蒙古人民出版社，2001.

[19] 杨丽. 基层党建档案管理工作中的问题与解决措施研究 [J]. 北方文学旬刊，2017，23（05）：178.

[20] 蔡丽秋. 基层党校图书资料管理工作中存在的问题及优化措施 [J]. 赤子：上中旬，2016，15（11）：164.

[21] 刘轩. 浅谈信息时代提升基层党校图书资料管理水平的路径 [J]. 山海经：故事，2017，35（05）：224-226.

[22] 崔爱君. 水利工程档案管理的问题和对策探讨 [J]. 黄河水利职业技术学院学报，2011，23（1）：21-23.

[23] 丁翠云. 水利工程档案管理的问题和对策探讨 [J]. 科技致富向导，2011，23（12）：21-23.

[24] 张霞. 档案管理理念实现档案管理信息化 [J]. 科技资讯，2016，14（14）：136-137.

[25] 史灵芝. 档案信息化建设与档案管理研究 [J]. 中国管理信息化，2016，19（14）：187-187.

夏枫. 新形势下事业单位档案管理创新与服务模式的改革研究 [J]. 企业改革与管理，2017，12（18）：1112-1113.

[26] 王玲玲. 新形势下事业单位档案管理创新与服务模式的改革研究 [J]. 办公室业务，2017，23（12）：174-175.

[27] 杨虹. 对事业单位档案管理的创新思路的探讨 [J]. 科技资讯，2017，23（34）：125-125.

[28] 王璠. 关于新时期事业单位档案管理创新思路的思考 [J]. 改革与开放，2016，56（10）：124-125.

[32] 孙长美. 浅谈事业单位档案管理的现状及对策 [J]. 中国市场，2015，5（4）：88-89.

[33] 崔娜. 新时期人事档案管理信息化建设研究 [J]. 价值工程，2011，30（24）：322-323.

[34] 张惠琴，陈春红. 新时期下如何做好医院人事档案管理工作 [J]. 当代医学，2012，18（16）：28-29.

[35] 李永萍. 试论新时期人事档案管理 [J]. 山西科技，2011，26（01）：65-67.

[36] 罗凤云.事业单位档案管理工作的优化路径 [J].信息记录材料,2017,18(09):114-115.

[37] 郑立彬.事业单位档案管理工作优化途径分析 [J].科技传播,2016,8(16):163-164.

[38] 付慧杰.公路路政档案规范化管理研究 [D].西安:长安大学,2012.

[39] 冯惠玲,张辑哲.档案学概论 [M].北京:中国人民大学出版社,2005.

[40] 薛梅.企业档案服务浅谈 [M] 信息社会档案学理论与实践.北京:中国档案出版社,2006.

[41] 陈昌曙.技术哲学引论 [M].北京:科学出版社,2012.

[42] 车品觉.决战大数据 [M].杭州:浙江人民出版社,2016.

[43] 崔小屹,韩青.用数据说话:大数据时代的管理实践 [M].北京:北京大学出版社,2013.